DES LARMES ET DES SAINTS

DU MÊME AUTEUR

Aux Éditions Gallimard :

PRÉCIS DE DÉCOMPOSITION.
SYLLOGISMES DE L'AMERTUME.
LA TENTATION D'EXISTER.
HISTOIRE ET UTOPIE.
LA CHUTE DANS LE TEMPS.
LE MAUVAIS DÉMIURGE.
DE L'INCONVÉNIENT D'ÊTRE NÉ.
ÉCARTÈLEMENT.
EXERCICES D'ADMIRATION, *essais et portraits.*
AVEUX ET ANATHÈMES.

CIORAN

Des larmes et des saints

TRADUCTION ET POSTFACE
DE SANDA STOLOJAN

L'HERNE

Avertissement

La version française de *Lacrimi si Sfinti* comporte de très importantes suppressions et modifications suggérées par l'auteur.

Sanda Stolojan.

Titre original : *Lacrimi si Sfinti*
Bucarest, 1937.

Ce n'est pas la connaissance qui nous rapproche des saints, mais le réveil des larmes qui dorment au plus profond de nous-mêmes. Alors seulement, à travers elles, nous accédons à la connaissance et nous comprenons comment on peut devenir saint après avoir été un homme.

*

Le monde s'engendre dans le délire, hors duquel tout est chimère.

... Comment ne pas se sentir proche de sainte Thérèse qui, Jésus lui étant apparu, sortit en courant et se mit à danser au milieu du couvent, dans un transport frénétique, battant le tambour pour appeler ses sœurs à partager sa joie ?

A six ans elle lisait des vies de martyrs en criant : « Éternité ! éternité ! » Elle décidait alors d'aller chez les Maures pour les convertir, désir qu'elle n'a pu réaliser, mais son ardeur n'a fait que croître au point que le feu de son âme ne s'est jamais éteint, puisque nous nous y réchauffons encore.

*

Pour le baiser coupable d'une sainte, j'accepterais la peste comme une bénédiction.

*

Serai-je un jour assez pur pour me refléter dans les larmes des saints ?

*

Étrange de penser que plusieurs saints aient pu vivre à la même époque. J'essaie de me représenter leur rencontre, mais je manque d'élan et d'imagination. Thérèse d'Avila, à cinquante-deux ans, célèbre et admirée, rencontrant à Medina del Campo saint Jean de la Croix alors âgé de vingt-cinq ans, inconnu et passionné ! La mystique espagnole est un moment divin de l'histoire humaine.

Qui pourrait écrire le dialogue des saints ? Un Shakespeare frappé d'innocence ou un Dostoïevski exilé dans quelque Sibérie céleste. Toute ma vie je rôderai dans les parages des saints...

*

Il fut un temps où l'on pouvait s'adresser

n'importe quand à un Dieu accueillant qui enterrait vos soupirs dans son néant. Inconsolés, nous le sommes aujourd'hui faute d'avoir à qui confesser nos tourments. Comment douter que ce monde ait été autrefois *en* Dieu ? L'Histoire se partage entre un autrefois où les hommes se sentaient attirés par le néant vibrant de la Divinité et un aujourd'hui où le rien du monde est privé de souffle divin.

*

La musique m'a donné trop d'audace face à Dieu. C'est ce qui m'éloigne des mystiques orientaux...

*

Au Jugement dernier on ne pèsera que les larmes.

*

Les yeux ne voient rien. Catherine Emmerich a raison de dire qu'elle voit *par le cœur* ! Le cœur étant la vue des saints, comment ne verraient-ils pas plus loin que nous ? L'œil a un champ réduit, il voit toujours de l'extérieur. Mais le monde étant intérieur au cœur, l'introspection est l'unique méthode pour accéder à la connaissance. Le champ visuel du cœur ? Le Monde, plus Dieu, plus le néant. C'est-à-dire *tout*.

*

Il en est de la fréquentation des saints comme de la musique et des bibliothèques. Désexualisés, nous mettons nos instincts au service d'un autre monde. Dans la mesure où nous résistons à la sainteté, nous faisons la preuve que nos instincts se portent bien.

*

Le royaume des cieux gagne petit à petit les vides de notre vitalité. L'impérialisme céleste a pour objectif le zéro vital.

Lorsque la vie perd sa direction naturelle, elle s'en cherche une autre. Ainsi s'explique que le bleu du ciel ait été si longtemps le *lieu* de la suprême errance...

Et il y a encore ceci : l'homme ne peut vivre sans appui dans l'espace ; ce genre d'appui, la musique nous le refuse résolument. Art de la consolation par excellence, elle ouvre cependant en nous plus de blessures que tous les autres...

La musique est un tombeau de délices, une béatitude qui nous ensevelit...

*

« Je ne peux faire de différence entre les larmes et la musique » (Nietzsche). Celui qui ne saisit pas cela instantanément n'a jamais vécu dans l'intimité de la musique. Toute vraie musique est issue de pleurs, étant née du regret du paradis.

*

Jusqu'au commencement du XVIIIe siècle, les « traités de perfection » abondaient. Ceux qui s'étaient arrêtés sur le chemin de la sainteté s'en consolaient en écrivant, au point que des siècles durant la perfection a été l'obsession des saints manqués. Les autres, les saints réussis, ne s'en préoccupaient plus, ils la possédaient déjà.

Plus près de nous, on la considère avec une extrême méfiance et une nuance évidente de mépris. En optant pour la tragédie, l'homme moderne devait nécessairement surmonter le regret du paradis et se dispenser du désir de perfection.

D'autres époques, soumises à la terreur et aux délices chrétiennes, ont suscité des saints dont on était fier. Aujourd'hui, nous sommes capables tout au plus de les *apprécier*. Chaque fois que nous croyons les aimer, ce n'est qu'une faiblesse de notre part qui nous les rend proches pour un temps.

*

Lorsque le commencement d'une vie a été dominé par le sentiment de la mort, le passage du temps finit par ressembler à une régression vers la naissance, à une reconquête des étapes de l'existence. Mourir, vivre, souffrir et naître seraient les moments de cette évolution renversée. Ou bien est-ce une autre vie qui naît des ruines de la mort ? Un besoin d'aimer, de souffrir et de ressusciter succède ainsi au trépas. Pour qu'il existe une autre vie, il te faut mourir d'abord. On voit pourquoi les transfigurations sont si rares.

*

Après tout, nous aurions pu nous dispenser de l'obsession de la sainteté. Chacun aurait vaqué à ses affaires, portant gaiement ses imperfections. La fréquentation des saints engendre un tourment stérile, leur société est un poison dont la virulence croît à la mesure de nos solitudes. Ne nous ont-ils pas corrompus en nous montrant par l'exemple que les épreuves menaient quelque part ? Nous étions habitués à souffrir sans but, fascinés par le superflu de nos douleurs, heureux de nous mirer dans nos propre blessures.

*

La mort n'a de sens que pour ceux qui ont aimé la vie passionnément. Mourir sans avoir rien à quitter ! Le détachement est négation de la vie comme de la mort. Celui qui a vaincu la peur de mourir a triomphé aussi de la vie, elle qui n'est que l'autre nom de cette peur.

Les clochards ne s'éteignant pas dans leur lit, ils ne meurent pour ainsi dire pas. On ne meurt qu'à l'horizontale, tout au long de cette préparation durant laquelle le vivant suinte la mort. Lorsque rien ne vous lie à un lieu, quels regrets aurait-on dans les instants derniers ? Les clochards auraient-ils *choisi* leur sort pour n'avoir pas de regrets qui les torturent à l'agonie ? Errants dans la vie, ils restent des vagabonds dans la mort.

*

Pendant tout le temps qu'il a travaillé à son *Messie*, Haendel s'est senti transporté au ciel. De son propre aveu, il n'est redescendu sur terre qu'une fois son ouvrage terminé. Néanmoins, comparé à Bach, Haendel est *d'ici*. Ce qui est divin chez l'un est *héroïque* chez l'autre. *L'ampleur terrestre* est la note typiquement haendelienne : une transfiguration *du dehors*.

Bach unit la vision dramatique d'un Grünewald à l'intériorité d'un Holbein ; Haendel rassemble la pesanteur et le linéaire de Dürer avec l'audace visionnaire de Baldung-Grien.

*

Impossible de se faire une idée précise au sujet des saints. Ils représentent un absolu auquel il ne fait pas bon s'attacher, mais qu'il ne sied pas non plus de refuser. Toute attitude nous condamne. En prenant le parti des saints, notre vie est perdue, en nous insurgeant contre eux, nous nous brouillons avec l'absolu. Nous aurions été tellement plus libres, malgré tout, s'ils n'avaient jamais existé ! Que de doutes en moins ! Qu'est-ce qui a bien pu les jeter en travers de notre chemin ? Il serait vain de vouloir oublier la Souffrance.

*

L'orgue traduit le frisson intérieur de Dieu. En épousant ses vibrations, nous nous auto-divinisons, nous nous évanouissons *en* Lui.

*

Job, lamentations cosmiques et saules pleureurs... Plaies ouvertes de la nature et de l'âme... Et le cœur humain — plaie ouverte de Dieu.

*

Toute forme d'extase supplante la sexualité qui n'aurait aucun sens sans la médiocrité des créatures. Mais comme celles-ci n'ont guère d'autre moyen de sortir d'elles-mêmes, la sexualité les sauve provisoirement. L'acte en question dépasse sa signification élémentaire — il est un *triomphe* sur l'animalité, la sexualité étant, au niveau physiologique, la seule porte ouverte sur le ciel.

*

Soulever sous le fouet des blocs de pierre, mais les voir entrer dans l'éternité et sentir naître le vide autour des pyramides par la désertion du temps ! Le dernier esclave était plus proche de l'éternité que n'importe quel philosophe occidental ! Les Égyptiens vivaient dans l'extase du soleil et de la mort. Pour nous, le ciel est devenu une dalle funèbre ! Le monde moderne a succombé à la séduction des choses finies.

*

Parviendrai-je un jour à ne plus citer que Dieu ? Les hommes et les saints mêmes n'ont pas de *nom*. Dieu seul en porte un. Mais que savons-nous de lui, sinon qu'il est un désespoir qui commence là où finissent tous les autres ?

*

Seuls le paradis ou la mer pourraient me dispenser du recours à la musique.

*

Les tristesses jettent sur l'âme une ombre de cloître. On commence alors à comprendre les saints... Ils ont beau vouloir nous accompagner jusqu'à l'extrémité de notre chagrin, ils ne le peuvent — et ainsi ils nous quittent à mi-chemin, au beau milieu des amertumes et des repentirs.

*

Les maladies ont rapproché le ciel de la terre. Sans elles, ils se seraient ignorés l'un l'autre. Le besoin de consolation a dépassé la maladie, et à l'intersection du ciel avec la terre il a donné naissance à la sainteté.

*

Il y a des hommes qui ont stylisé leur mort. Pour ceux-là mourir est une affaire de *forme*. Mais la mort est matière et terreur. On ne peut mourir élégamment sans la contourner.

*

Chaque fois que je pense à la peur énorme de la mort chez Tolstoï, je commence à comprendre le pressentiment de la fin chez les éléphants.

*

La limite de chaque douleur est une douleur plus grande.

*

Les hommes ne se sont réconciliés avec la

mort que pour éviter *la peur* qu'elle leur inspire, mais sans cette peur, mourir n'a plus aucun intérêt. Car la mort n'existe qu'en elle et à travers elle. La sagesse née de *l'accord* avec la mort est, face aux fins dernières, l'attitude la plus superficielle qui soit. Montaigne lui-même en a été infecté, sans quoi on ne comprendrait pas qu'il ait pu se vanter d'accepter l'inévitable.

Celui qui a vaincu la peur peut se croire immortel ; celui qui ne la connaît pas, *l'est.* Il est probable qu'au paradis les créatures disparaissaient aussi, mais ne connaissant pas la peur de mourir, elles ne mouraient en somme jamais. La peur est une mort de chaque instant.

*

La mort objective, extérieure, pour un Rilke, n'a aucune signification. Pour Novalis non plus. Mais après tout, y a-t-il un poète qui ne soit mort qu'une seule fois ?

*

Je suis comme un Antée du désespoir. Le mien augmente à chaque contact avec la terre. Ah ! si je pouvais m'endormir en Dieu pour mourir à moi-même !

Seul oubli véritable — le sommeil dans la Divinité.

*

Seigneur, n'es-tu qu'une erreur du cœur, comme le monde est une erreur de l'esprit ?

*

On ne croit en Dieu que pour éviter le monologue torturant de la solitude. A qui d'autre s'adresser ? Il accepte, semble-t-il, volontiers le dialogue et ne nous en veut pas de l'avoir choisi comme prétexte théâtral de nos abattements.

*

Je me suis attaché aux apparences lorsque j'ai compris qu'il n'y avait d'absolu que dans le renoncement.

*

Le Moyen Age, ayant épuisé le contenu de l'éternité, nous donne le droit d'aimer les choses passagères.

*

Le christianisme tout entier n'est qu'une crise de larmes, dont il ne nous reste qu'un goût amer.

*

Vers la fin du Moyen Age abondaient les

écrits anonymes intitulés : « L'Art de mourir. » Leur succès était inouï. Pareil sujet peut-il encore toucher quelqu'un aujourd'hui ?

Personne n'a plus soin de sa mort, personne ne la cultive, aussi nous échappe-t-elle au moment même où elle nous enlève.

Les Anciens savaient mourir. S'élever au-dessus de la mort a été l'idéal constant de leur sagesse. Pour nous, la mort est une *surprise* effroyable.

Le Moyen Age a connu le sentiment de la mort avec une intensité unique. Mais il a su, avec un art particulier, l'incorporer au tissu intime de l'être. Personne qui ait voulu tricher avec elle. Ce que nous voudrions, nous autres, c'est mourir sans le détour de la mort.

*

La conscience est apparue grâce aux instants de liberté et de paresse. Lorsque tu es étendu, les yeux fixés sur le ciel ou sur un point quelconque, entre toi et le monde un vide se crée sans lequel la conscience n'existerait pas. L'immobilité horizontale est la condition indispensable de la méditation. Il est vrai que dans cette posture on ne conçoit guère de pensées joyeuses. Mais la méditation est l'expression d'une non-participation et comme telle d'une *non-tolérance*, d'un refus de l'être.

*

Dieu a exploité tous nos complexes d'infériorité, à commencer par celui qui nous empêche de nous croire des dieux.

*

Lorsque nous avons englouti le monde et que nous restons seuls, fiers de notre exploit, Dieu, rival du Rien, apparaît comme une dernière tentation.

*

Que l'espèce humaine ait résisté sans se corrompre aux profondeurs du christianisme me paraît être l'unique preuve de sa vocation métaphysique. Mais aujourd'hui l'homme ne supporte plus la terreur des fins dernières. Le christianisme a légalisé ses angoisses et l'a tenu sous pression. Seule une détente de quelques millénaires pourrait rafraîchir cet être ravagé par tant de cieux.

*

Avec la Renaissance commence l'éclipse de la résignation. De là le nimbe tragique de l'homme moderne. Les Anciens acceptaient leur sort. Aucun moderne ne s'est abaissé à cette concession. Le mépris du sort nous est également étranger. Car nous manquons par trop de sagesse pour ne pas aimer le destin avec une passion douloureuse.

*

La chute d'Adam est le seul événement historique du paradis.

*

Se préoccuper de la sainteté ; combattre la maladie par la maladie.

*

Aurai-je assez de musique en moi pour ne jamais disparaître ? Il est des adagios après lesquels on ne peut plus pourrir.

*

Seules les extases sonores me donnent une sensation d'immortalité. Il y a des jours intemporels où l'on est en proie à des réminiscences d'on ne sait quel outre-horizon ! Pleurer sur le temps est alors inconcevable.

*

Le vin a plus fait pour rapprocher les hommes de Dieu que la théologie. Depuis longtemps les ivrognes tristes — mais y en a-t-il d'autres ? — ont surclassé les ermites.

*

Il arrive un moment où l'on rapporte tout à Dieu. Mais il arrive aussi qu'on soit pris de peur à l'idée qu'Il cesse d'être actuel. Ce provisoire du principe ultime — idée absurde en soi, mais présente à la conscience — vous remplit d'une inquiétude bizarre. Dieu ne serait-il qu'une passion fugitive, qu'une *mode* de l'esprit ?

*

Certains se demandent encore si la vie a un sens ou non. Ce qui revient en réalité à s'interroger si elle est *supportable* ou pas. Là s'arrêtent les problèmes et commencent les *résolutions*.

*

L'avantage de penser à Dieu c'est de pouvoir dire n'importe quoi à son sujet. Moins on lie les idées les unes aux autres, plus on a de la chance de s'approcher de la vérité. Dieu profite, en somme, des périphéries de la logique.

*

Shakespeare et Dostoïevski font persister en vous le regret de n'être pas un saint ou un criminel. Ces deux manières de s'autodétruire...

*

Pourquoi les saints écrivent-ils si bien ? Est-ce uniquement parce qu'ils sont inspirés ? Le fait est qu'ils ont du style chaque fois qu'ils *décrivent* Dieu. Il leur est facile d'écrire à l'écoute de ses chuchotements. Leurs œuvres sont d'une simplicité surhumaine, mais comme ils n'y traitent pas du monde, ils ne peuvent s'intituler écrivains. On ne les reconnaît pas comme tels, car on ne se retrouve pas en eux.

*

Nous portons en nous toute la musique : elle gît dans les couches profondes du souvenir. Tout ce qui est musical est affaire de réminiscence. Du temps où nous n'avions pas de *nom*, nous avons dû tout entendre.

*

Tout a existé déjà. La vie me semble une ondulation sans substance. Les choses ne se répètent jamais, mais il semble que nous vivions dans les reflets d'un monde passé, dont nous prolongeons les échos tardifs. La mémoire est non seulement un argument contre le temps, elle va également à l'encontre de ce *monde-ci*, en nous révélant confusément les mondes *probables* du passé et leur couronnement par le paradis.

Régresser dans la mémoire fait de vous un métaphysicien ; rejoindre les origines, un saint.

*

La sécheresse du cœur est une expression qui revient sans cesse quand les saints évoquent leurs épreuves. C'est alors qu'ils implorent la grâce comme une délivrance et que l'invocation de l'amour devient une obsession. Mais leur cœur est-il sec uniquement par manque d'amour ? Ils se trompent lorsqu'ils attribuent à ce manque leur désert intérieur. S'ils savaient que par l'aridité ils paient les instants vibrants de l'extase, comme ils seraient alors lâches envers Dieu, comme ils éviteraient de le rencontrer ! Je n'aperçois que ruines autour de l'extase, car aussi longtemps que nous sommes en Lui nous sommes hors de nous, et notre être n'est que la ruine d'un souvenir immémorial.

*

Le grand mérite de Nietzsche est d'avoir su se défendre *à temps* contre la sainteté. Que serait-il devenu s'il avait donné libre cours à ses penchants naturels ? — Un Pascal avec toutes les folies des saints en plus.

*

Croire à la philosophie est signe de bonne santé. Ce qui ne l'est pas c'est se mettre à *penser*.

*

Notre manque d'orgueil compromet la mort. C'est probablement le christianisme qui nous a appris à fermer les yeux — à *baisser* le regard — pour que la mort nous trouve paisibles et soumis. Deux mille ans d'éducation nous ont habitués à une mort sage et rangée. Nous mourons *vers le bas*, nous nous éteignons à l'ombre de nos paupières, au lieu de mourir les muscles tendus, tel un coureur qui attend le signal, la tête renversée, prêt à braver l'espace et à vaincre la mort dans l'orgueil et l'illusion de sa force ! Je rêve souvent d'une mort indiscrète, complice des étendues...

*

Durant nos nuits blanches, en remontant le cours du temps, nous revivons des terreurs et des joies ancestrales, des événements d'avant notre histoire, d'avant nos souvenirs. Les insomnies opèrent un retour aux origines et nous transposent à l'aube des êtres. Elles nous chassent hors du temporel et nous obligent à écouter nos tout derniers souvenirs, qui sont aussi les tout premiers. Dans cette dissolution musicale, nous usons nos antécédents, nous épuisons notre passé. N'avons-nous pas alors le sentiment que nous sommes morts en emportant le temps avec nous ?

*

Nous sommes d'autant plus proches de la mystique que le temps disparaît plus complètement de notre mémoire.

Plus la mémoire est fraîche et bien portante, mieux elle adhère aux apparences, à l'immédiat. Son archéologie nous découvre des documents sur un autre monde au prix de *celui-ci*.

*

Lorsque je songe à mes nuits, à tant de solitudes et de supplices dans ces solitudes, j'aspire à m'en aller, à quitter les chemins battus. Mais où aller ? Il y a hors de nous-mêmes des abîmes qui valent bien ceux de l'âme.

*

J'ai dû vivre d'autres vies. Sans cela, pourquoi tant d'épouvante ? Les existences antérieures sont l'unique justification de la terreur. Seuls les Orientaux ont compris quelque chose à *l'âme*. Ils nous ont précédés et ils nous survivront. Pourquoi, nous modernes, avons-nous supprimé nos pérégrinations ? Nous *expions* en une seule vie le devenir infini.

*

Auprès d'Aristote, un saint est un analphabète. Pourquoi, dans ce cas, nous semble-t-il que nous aurions plus à *apprendre* de ce dernier ? La philosophie est *sans réponse*. Face à elle, la sainteté est une *science exacte*. Car elle apporte des réponses positives et précises aux interrogations auxquelles les philosophes n'ont pas eu le courage de s'élever. La sainteté a pour *méthode* la douleur et son but est Dieu. Comme elle n'est ni pratique ni commode, les hommes l'ont reléguée au domaine du fantastique et ils l'adorent à distance. Ils gardent près d'eux la philosophie afin de pouvoir la mépriser. Sur ce point les mortels font preuve d'intelligence. Car tout ce qui est vivant en philosophie se réduit à des emprunts à la religion.

Les philosophes ont le sang *froid*. Il n'y a de chaleur qu'au voisinage de Dieu. Notre nature, par tout ce qu'elle porte en elle de sibérien, exige les saints.

*

Rien de plus facile que de se délester de l'héritage philosophique, car la philosophie a des racines qui s'arrêtent à nos incertitudes, tandis que les racines de la sainteté dépassent en profondeur la souffrance elle-même. Le suprême courage de la philosophie est le *scepticisme*. Au-delà de lui elle ne reconnaît que le chaos.

Un philosophe n'échappe à la médiocrité que

par le scepticisme ou la mystique, ces deux formes du désespoir face à la *connaissance*. La mystique est une évasion hors de la connaissance, le scepticisme une connaissance sans espoir. Deux manières de dire que le *monde* n'est pas une *solution*.

*

Désormais nos souffrances ne pourront être que vaines ou sataniques. Un poème de Baudelaire nous est plus proche que les excès sublimes des saints. En nous abandonnant à l'ivresse de la désolation, comment pourrions-nous trouver un intérêt quelconque à l'échelle des perfections par l'ascèse ? L'homme moderne est à l'antipode des saints, non à cause de sa légèreté mais de son dévergondage tragique et de sa soif de déceptions éternellement renouvelées. Être incapable de résister à soi-même, voilà où aboutit le manque d'éducation dans le choix de ses tristesses. Si Dieu peut se découvrir à nous par des *sensations*, tant mieux, nous échapperons à la discipline inhumaine de la *révélation*. Les saints sont irrémédiablement inactuels et si quelqu'un s'intéresse encore à eux, ce n'est que par mépris envers le devenir.

*

Nous intriguent parmi les philosophes ceux-là seuls qui, exaspérés par les systèmes, sont partis à la recherche du bonheur. Ainsi naissent les philosophies crépusculaires, plus consolantes que les religions, car elles nous libèrent de tous les interdits. Une douce lassitude émane d'elles ; on dirait un berceau d'incertitudes, bien nécessaire après la fréquentation insalubre des saints.

Le scepticisme est l'étonnement devant le vide des problèmes et des choses. Seuls les Anciens ont été de vrais sceptiques. Leurs doutes empreints d'une douceur automnale et d'un bonheur désabusé avaient du style, comme toutes les choses délicates à leur déclin.

*

Le seul mérite des philosophes est d'avoir *de temps à autre* rougi d'être des hommes. Platon et Nietzsche font exception : leur honte n'a *jamais* cessé. Le premier a tenté de nous arracher au monde, le second de nous faire sortir de nous-mêmes. Tous deux pourraient en remontrer aux saints. Ainsi, l'honneur de la philosophie est sauf.

*

C'est par peur de la solitude que Dieu a créé le monde, telle est l'unique explication de la Création. Notre raison d'être à nous créatures n'est autre que de *distraire* le Créateur. Pauvres bouffons, nous oublions que nous vivons des drames pour divertir un spectateur dont personne sur terre n'a encore entendu les applaudissements. Et si Dieu a inventé les saints — comme des prétextes de dialogue — c'est pour alléger encore le poids de son isolement.

Quant à moi, ma dignité exige que je Lui oppose d'autres solitudes, sans lesquelles je ne serais qu'un amuseur de plus.

*

Il y a des êtres sur lesquels Il ne peut se pencher sans perdre son innocence.

*

Notre bonheur consiste à avoir découvert l'enfer en nous-mêmes. A quoi sa représentation extérieure nous aurait-elle menés ? Deux mille ans de terreur nous auraient acculés à l'impasse ou au suicide. Quand on lit la description du Jugement par sainte Hildegaard, on abhorre tous les paradis et tous les enfers et on se félicite de leur transposition subjective. C'est la *psychologie*, témoin de notre frivolité, qui nous sauve. Pour nous, le monde n'est qu'un accident, qu'une erreur, qu'un glissement du moi.

*

Que la musique ne soit d'aucune façon d'essence humaine, la meilleure preuve en est qu'elle n'éveille jamais la représentation de l'enfer. Les marches funèbres elles-mêmes n'y parviennent pas. L'enfer est une *actualité* ; ce qui signifie que nous ne gardons que la mémoire du paradis. Si nous avions connu l'enfer dans notre passé immémorial, ne serions-nous pas en train de soupirer au souvenir de l'enfer *perdu* ?

*

Nous commençons à savoir ce qu'est la solitude lorsque nous entendons le silence des choses. Nous comprenons alors le secret enseveli dans la pierre et réveillé dans la plante, le rythme caché ou visible de la nature tout entière. Le mystère de la solitude dérive du fait qu'il n'existe pas pour elle de créatures inanimées. Chaque objet a son langage que nous déchiffrons à la faveur de silences sans pareils.

*

Chaque fois que le temps est suspendu et que la conscience s'épuise dans la perception de l'espace, nous sommes saisis d'une disposition éléatique. Alors, dans cette universelle pétrification, les souvenirs s'annulent en un instant infini. Nous regardons le monde et tout n'est qu'attente inutile et sans fin, tant l'espace a pris possession de nous. Nous aspirons alors à d'autres pétrifications, car les tentations de l'espace éveillent de frémissants désirs de torpeur.

*

Dieu s'installe dans les vides de l'âme. Il louche vers les déserts intérieurs, car, à l'instar de la maladie, il se prélasse aux points de moindre résistance.

Une créature harmonieuse ne peut croire en Lui. Ce sont les infirmes et les pauvres qui l'ont « lancé », à l'usage des rongés et des désespérés.

*

Il y a des moments où, sentant bouillir en moi une haine assassine à l'encontre de tous les « agents » de l'autre monde, je les soumettrais à des supplices inouïs. Quelle est cette conviction qui me dit que si je vivais parmi les saints je me munirais d'un poignard ? Pourquoi ne pas avouer qu'une nuit de la Saint-Barthélemy parmi les anges me ferait plaisir ? Tous ces fanatiques de la désertion, je les pendrais par la langue et les laisserais tomber dans un berceau de lys. Se peut-il que nous n'ayons pas l'élémentaire prudence de supprimer dans l'œuf toute vocation surnaturelle ?

Comment ne pas honnir toute l'engeance du paradis, qui provoque et entretient cette soif maladive d'ombres et de lumières venues d'ailleurs, de consolations et de tentations transcendantes ?

*

Les larmes, critère de la vérité dans le monde des sentiments. Larmes et non pleurs. Il existe une disposition aux larmes qui s'exprime par une avalanche *intérieure*. Il y a des *initiés* en matière de larmes qui n'ont jamais pleuré *effectivement*.

*

Celui qui n'a jamais fréquenté les poètes ignore ce qu'est l'irresponsabilité et le débraillé de l'esprit. Chaque fois qu'on les hante, on éprouve le sentiment que tout est permis. N'ayant à rendre de comptes à *personne* (sauf à eux-mêmes), ils ne vont — et ne veulent aller — nulle part. Les comprendre est une grande malédiction, car ils vous enseignent à n'avoir plus rien à perdre.

En s'adressant à quelqu'un, en l'occurrence à Dieu, les saints limitent fatalement leur génie poétique. L'indéfini de la poésie, ce sont précisément les frissons sacrés sans Dieu. Si les saints avaient su ce que leur lyrisme perdait par l'intrusion de la Divinité, ils auraient renoncé à la sainteté et seraient devenus des poètes. La sainteté ne connaît que la *liberté en Dieu*. Mais les mortels ne se laissent posséder que par le dévergondage poétique.

*

Si la vérité n'était si ennuyeuse, la science aurait vite fait de mettre Dieu au rancart. Mais Dieu, tout comme les saints, est une occasion d'échapper à l'accablante banalité du vrai.

*

Ce qui m'intéresse dans la sainteté, ce pourrait bien être le délire de grandeur qu'elle dissimule derrière ses suavités, les appétits énormes masqués par l'humilité, l'inapaisement recouvert par la charité. Car les saints ont su exploiter leurs faiblesses avec une science proprement surnaturelle. Cependant leur mégalomanie est indéfinissable, étrange, troublante. D'où provient, malgré tout, notre compassion inavouée pour eux ? *Croire* en eux n'est guère plus possible. *Nous admirons leurs illusions*, voilà tout. De là découle cette compassion...

*

N'y aurait-il pas assez de souffrance ici-bas ? Il semblerait que *non* à en juger par l'empressement des saints, experts dans l'art de l'autoflagellation. Il n'y a pas de sainteté sans volupté de la souffrance et sans un raffinement suspect.

La sainteté est une perversion sans pareille, un vice du ciel.

*

Cette plénitude de l'éphémère... Les saints sont inexcusables de n'avoir pas versé une seule larme en signe de reconnaissance envers les choses périssables.

Lorsque je suis pris d'une intense passion pour la terre, pour tout ce qui naît et meurt, lorsque le fragile me fascine, je me dissimule à moi-même ma haine de Dieu, et si je l'épargne, c'est par un immémorial réflexe de lâcheté.

*

Sans ce pressentiment de la nuit qu'est Dieu, la vie serait un crépuscule enchanteur.

*

Chaque fois que je songe à ces âpres solitudes où se profilent des monastères sur fond de grisaille, j'essaie de comprendre les haltes mornes de la piété, l'ennui à l'ombre du voile. La passion de la solitude qui engendre « l'absolu monastique », cette soif dévorante de Dieu, croît avec la désolation du cadre environnant. Je vois des regards se briser le long des murs, des cœurs que rien ne tente, des tristesses privées de musique. Le désespoir né entre un désert et un ciel également implacables a conduit à l'exacerbation de la sainteté. L'« aridité de la conscience », dont se plaignent les saints, est l'équivalent psychique du désert extérieur. *Tout est rien* — telle est la révélation initiale des couvents. Ainsi commence la mystique. Entre le rien et Dieu, il y a moins d'un pas, car Dieu est l'expression positive du rien.

*

Celui qui n'a pas pressenti ce que signifie la raréfaction de l'air dans un couvent et l'évacuation du temps dans une cellule essaiera en vain de comprendre l'appel de la solitude, le goût du désespoir. Je songe en particulier aux couvents espagnols où tant de rois et de saints ont abrité leur mélancolie et leur folie. Le mérite de l'Espagne est non seulement d'avoir cultivé l'excessif et l'insensé, mais aussi d'avoir démontré que le vertige est le climat normal de l'homme. Quoi de plus naturel que la présence des mystiques chez ce peuple qui a supprimé la distance entre le ciel et la terre ?

*

Nous devons penser à Dieu jour et nuit afin de l'user, de le « banaliser ». Nous n'y arriverons qu'en le sollicitant sans répit, jusqu'à ce qu'il nous devienne indifférent. L'insistance avec laquelle il s'installe dans notre espace intérieur finit par lui être funeste.

*

La nouveauté du christianisme. Le sinistre a vaincu le sublime dans cette religion de crépuscules incendiaires.

D'autres religions ont conçu le bonheur d'une lente extinction ; le christianisme a fait de la mort une semence. Quel remède imaginer contre cette mort germinative, contre la *vie* de cette mort ?

*

La perfection sans faille d'un saint François d'Assise me le rend étranger. Je ne lui trouve aucun point faible qui me permette de l'approcher et de le comprendre. Sa perfection est difficilement pardonnable. Je crois cependant lui avoir trouvé une excuse. Lorsque à la fin de sa vie il était devenu presque aveugle, les médecins avaient attribué son mal à une seule cause : l'excès de larmes...

*

La sainteté est le dépassement de l'état de créature. Le désir d'être *en* Dieu ne s'accorde plus avec l'existence *à côté* ou *en dessous*, qui définit notre chute.

... Et si je ne peux vivre, du moins voudrais-je mourir *en* Dieu. Ou bien combiner les deux : *m'enterrer vivant* en Lui.

*

Lorsque s'épuise en nous un motif musical, le vide qui s'instaure à sa place est illimité. Rien n'est plus propre à nous révéler la divinité aux frontières de l'élan sonore que la multiplication intérieure — par le souvenir — d'une fugue de Bach. Quand nous revient en mémoire un motif et sa fièvre ascensionnelle, nous finissons par nous précipiter droit dans le divin. La musique est l'émanation finale de l'univers, comme Dieu est l'émanation ultime de la musique.

*

Je suis comme une mer qui retire ses eaux pour faire place à Dieu. L'impérialisme divin suppose le reflux de l'homme.

Accablé par la solitude de la matière, Il a pleuré les océans et les mers. D'où l'appel mystérieux des étendues marines et la tentation d'une immersion définitive, comme détour vers Lui...

Celui dont l'émotion aux abords des cieux et des mers n'a pas frôlé les larmes, celui-là n'a pas hanté les parages troubles de la divinité, où la solitude est telle qu'elle en appelle une autre plus grande encore.

*

Sans Dieu tout est nuit et avec lui la lumière même devient inutile.

*

Je méprise le chrétien parce qu'il est capable d'aimer ses semblables *de près*. Pour redécouvrir l'homme il me faudrait le Sahara.

*

Comme il n'existe de solution à aucun problème ni d'issue à aucune situation, nous sommes réduits à tourner en rond. Les pensées nourries par la souffrance prennent la forme *d'apories*, ce clair-obscur de l'esprit. La somme des insolubles jette une ombre tremblante sur les choses. Le sérieux incurable du crépuscule...

*

Tous les déclins sont là pour me soutenir.

*

La mystique oscille entre la passion de l'extase et l'horreur du vide. On ne peut connaître l'une sans avoir connu l'autre. Toutes les deux supposent une volonté ardue de « table rase », un effort vers un blanc psychique... L'âme une fois mûre pour un vide durable et fécond s'élève jusqu'à l'effacement total. La conscience se dilate au-delà des limites cosmiques. Une conscience dépossédée de toutes *les images* est la condition indispensable de l'état d'extase et de l'expérience du vide. On ne voit plus rien en dehors du *rien*, et ce rien est *tout*. L'extase est une présence totale sans objet, *un vide plein*. Un frisson traverse le néant, une invasion *d'être* dans l'absence absolue. Le vide est la condition de l'extase, de même que l'extase est la condition du vide.

*

Il y a dans l'obsession de l'absolu un goût d'autodestruction. D'où la hantise du couvent et du bordel. « Cellules » et femmes de part et d'autre. Le dégoût de vivre croît aussi bien à l'ombre des saintes que des putains.

*

L'« appétit de Dieu » dont parle saint Jean de la Croix est en premier lieu négation et en dernier seulement affirmation de l'existence. Pour celui qui, déçu, se résigne à supporter le monde et ses ténèbres, la présence de cet « appétit », son degré d'intensité, prouvent à quel point nous n'adhérons plus au monde. Chaque fois que nous pensons à Dieu *instinctivement*, nous avouons une déficience et un désarroi. Le néant vital est le point d'appui idéal de la Divinité.

*

La mystique est une irruption de l'absolu dans l'histoire. Elle est, de même que la musique, le nimbe de toute culture, sa justification ultime.

*

Tous les nihilistes ont eu maille à partir avec Dieu. Une preuve de plus de son voisinage avec le rien. Ayant tout foulé aux pieds, il ne vous reste plus à détruire que cette ultime réserve du néant.

*

Les mortels parlent de Dieu pour masquer leur folie. Aussi longtemps que vous vous occupez de Lui vous avez des *excuses* à vos égarements. Dieu ? Une démence admise, officielle.

*

Chaque fois que notre lassitude du monde revêt une forme religieuse, Dieu est une mer à laquelle nous nous abandonnons, pour nous oublier nous-mêmes. L'immersion dans l'abîme divin nous sauve de la tentation d'être ce qu'on est.

D'autres fois nous Le découvrons comme une zone lumineuse à l'extrémité d'une régression intérieure, ce qui nous console bien moins, car en le trouvant *en* nous, nous disposons de lui en quelque sorte. Nous avons un droit sur lui, puisque l'assentiment que nous lui accordons ne dépasse pas les dimensions d'une illusion.

Dieu comme une mer et Dieu comme une zone lumineuse alternent dans notre expérience du divin. Dans les deux cas, l'unique but est l'oubli, l'irrémédiable oubli.

*

Quand vous écoutez Bach, vous voyez *germer* Dieu. Son œuvre est *génératrice* de divinité.

Après un oratorio, une cantate ou une « Passion », *il faut* qu'Il existe. Autrement toute l'œuvre du Cantor serait une illusion déchirante.

... Penser que tant de théologiens et de philosophes ont perdu des nuits et des jours à chercher des preuves de l'existence de Dieu, oubliant la seule...

*

L'idée de Dieu est la plus pratique et la plus dangereuse jamais conçue. Par elle l'humanité se sauve ou se perd.

L'« absolu » est une présence dissolvante dans le sang.

*

Il est vain de vouloir en finir une fois pour toutes avec les saints, car ils nous lèguent Dieu comme l'abeille son aiguillon.

*

Pourquoi pense-t-on si rarement aux cyniques ? Parce qu'ils ont *tout su* et qu'ils ont tiré les conséquences de cette suprême indiscrétion ?

Il est sans doute plus commode de les oublier. Car leur manque d'égards pour l'illusion en fait des esprits avides d'insoluble.

*

Je ne comprends pas qu'un Plotin ou un Maître Eckhart puissent repousser à ce point le *temps* et surtout qu'ils n'en éprouvent aucun *regret*. Ce n'est pas la rupture des derniers liens temporels qui les torture mais le fait de ne pas réussir à les briser tous et pour toujours.

*

... L'impossibilité de ne pas déceler une vibration funèbre dans l'éternité.

La vie en Dieu est mort de la créature, non pas solitude *avec* mais *en* lui. C'est la « *soledad en Dios* » de saint Jean de la Croix. Chez lui, l'union entre la solitude humaine et le désert infini de Dieu est un délice inexprimable, annonciateur de leur identification complète. Qu'advient-il du mystique dans son aventure divine, *que fait-il* en Dieu ? Nous l'ignorons du moment qu'il est incapable de nous le dire.

S'il existait un accès direct à la jubilation en Dieu — sans les épreuves qui précèdent l'extase — la voie surnaturelle serait alors à la portée de tout le monde. Mais à défaut d'un tel accès, nous sommes condamnés à gravir une échelle sans jamais en atteindre le dernier degré.

A côté de la solitude en Dieu proprement dite, il en existe une autre qui n'est au fond qu'un *isolement* en lui : la sensation d'être seul et abandonné au milieu d'un paysage désolé, la certitude de ne pas être *chez soi* à l'intérieur de la Divinité.

*

L'avènement de l'homme équivaut à une secousse dont les échos alimentent le cauchemar divin. Car l'homme ajoute un paradoxe à la nature en se situant à mi-chemin entre elle et la Divinité. Depuis l'irruption de la conscience, les rapports ont changé entre le ciel et la terre. Et Dieu est apparu dans sa juste lumière : un *rien* en plus.

*

Sauf dans les moments où le besoin de consolation se fait sentir, les poètes ne se préoccupent des saints que dans la mesure où ces derniers sont *intéressants*.

*

La mémoire devient active une fois qu'elle a cessé d'avoir le temps pour cadre et pour dimension... L'expérience de l'éternité est *actualité* ; elle se déroule maintenant ou n'importe quand, sans référence à notre vie passée. Je fais un bond hors du temps, voilà tout ; inutile de me souvenir de quoi que ce soit. Mais lorsqu'il s'agit de notre passé *essentiel*, de l'éternité qui *précède* le temps — seuls les souvenirs prétemporels nous rendent ce passé accessible. Il existe une autre mémoire, somnolente et profonde, que nous réveillons rarement. Elle remonte aux premiers battements du temps, elle recule vers les origines, c'est-à-dire vers la limite supérieure des souvenirs. C'est la *mémoire intelligible.*

Tout souvenir est un symptôme maladif. La vie comme état pur, comme phénomène non altéré, est actualité absolue. La mémoire est négation de l'instinct et son hypertrophie une maladie incurable.

*

L'humanité se dispense de Dieu depuis qu'elle l'a dépouillé de ses attributs en tant que personne. En voulant élargir le domaine d'influence du Tout-Puissant, elle l'a dérobé malgré elle à notre vision immédiate. Vers qui nous tourner s'il a cessé d'être une personne qui puisse nous comprendre et nous répondre ? Ayant gagné en étendue, Dieu est partout et nulle part. Aujourd'hui il est tout au plus un Absent universel.

En lui attribuant des proportions plus grandes, nous nous le sommes aliéné d'autant. Pourquoi, au lieu de le laisser tel qu'il était dans sa modestie primordiale, l'avons-nous défiguré ? Poussés par un orgueil sans bornes, nous lui avons attribué trop de qualités. Or, il n'a jamais été moins actuel qu'aujourd'hui. Nous sommes punis pour l'avoir trop exalté ! Celui qui l'a perdu ne le retrouvera jamais, dût-il le chercher sous d'autres formes d'illusion...

En allant à sa rescousse, nous n'avons réussi qu'à le livrer à la jalousie humaine. Ainsi, pour avoir voulu réparer une erreur de taille, nous avons détruit la seule erreur précieuse.

*

Le destin historique de l'homme est de mener l'idée de Dieu jusqu'à sa fin. Ayant épuisé toutes les possibilités de l'expérience divine, essayé Dieu sous toutes ses formes, nous atteindrons fatalement à la satiété et au dégoût, après quoi nous respirerons librement. Il y a cependant dans le combat contre un Dieu qui a trouvé son dernier refuge dans quelques replis de notre âme un malaise indéfinissable, malaise né de notre crainte de Le perdre. Comment se repaître de ses derniers restes, comment pouvoir jouir en toute tranquillité de la liberté consécutive à sa liquidation ?

*

La religion est un sourire qui plane sur un non-sens général, comme un parfum final sur une onde de néant. C'est pourquoi, à bout d'arguments, la religion se rabat sur les larmes. Il n'y a plus qu'elles pour assurer tant soit peu l'équilibre de l'univers et l'existence de Dieu. Une fois les larmes épuisées, le désir de Dieu disparaîtra lui aussi.

*

Il y a des instants où l'on voudrait déposer les armes et creuser sa tombe à côté de celle de Dieu. Ou bien, pétrifié, revivre le désespoir de l'ascète qui découvre à la fin de sa vie l'inutilité du renoncement.

*

Étrange à quel point l'idée de Dieu peut lasser ! Elle équivaut à un surmenage de la conscience, à une fièvre secrète et épuisante, à un principe destructeur. On peut s'étonner que tant de saints soient arrivés à un âge avancé avec une telle obsession. Aller jusqu'à supprimer son sommeil pour mieux penser à Lui !

*

Au fond, il n'y a que Lui et moi. Mais son silence nous infirme tous les deux. Il se pourrait bien que rien n'ait jamais existé.

Je peux mourir la conscience tranquille car je n'attends plus rien de lui. Notre rencontre nous a isolés davantage encore. Toute existence est une preuve supplémentaire du néant de Dieu.

*

Combien savent ce que signifie tomber de l'abîme divin dans un abîme plus profond encore ? Nulle musique n'a encore entonné la rupture avec Dieu...

*

Il arrive parfois que nous regrettions de ne plus savoir ce que signifie la crainte religieuse. Si seulement nous pouvions faire renaître en nous le frisson ancestral devant l'inconnu, la panique devant l'indéchiffrable !

*

S'abaisser à la sagesse c'est *s'accorder* avec le rythme universel, les forces cosmiques, c'est tout savoir et s'accommoder du monde, rien de plus. Tous les sages réunis ne valent pas une imprécation du roi Lear ou une divagation d'Ivan Karamazov. Le stoïcisme comme justification pratique et théorique de la sagesse est tout ce qu'on peut imaginer de plus plat et de plus commode. Y a-t-il un vice de l'esprit plus grand que la résignation ?

Le *désaccord* avec les choses est un signe évident de vitalité spirituelle, et cela est plus vrai encore du désaccord avec Dieu. Se réconcilier avec lui signifierait ne plus vivre soi-même, mais être vécu *par lui.* En nous assimilant à lui, nous disparaissons ; en le rejetant, nous perdons toute raison d'exister.

Serais-je fatigué de vivre, il serait mon seul recours ; mais tant que j'arrive à me tourmenter, je ne saurais le laisser en paix.

Son destin est de finir incompris (comme les créatures d'ailleurs). Et pourtant il y en a qui le comprennent. Sinon, à quoi attribuer la certitude lancinante qui nous saisit parfois de ne plus pouvoir *progresser* en Lui ? Et ces défaillances, ces longues veilles, lorsqu'il nous semble que nous l'avons épuisé à force de pensées et de remords... Dire que chacun de nous le découvre si tard et que son absence laisse un tel vide dans l'esprit !... Ce n'est qu'en pensant à Lui sans pitié, jusqu'au bout, en prenant d'assaut ses déserts, que nous sortons enrichis de notre conflit avec lui. Si nous nous contentons de rester à mi-chemin, Il ne sera pour nous qu'un ratage de plus.

*

Plus Il nous préoccupe, plus nous perdons de notre innocence. Au paradis personne ne se souciait de lui. C'est la chute, elle seule, qui a fait naître cette étrange curiosité. Sans la *faute*, point de conscience de l'existence divine. Aussi trouve-t-on rarement Dieu dans une conscience qui ignore les affres du *péché*.

Si le contact avec Dieu annule notre innocence, c'est aussi qu'en nous occupant de lui, nous nous mêlons de ses affaires. « Celui qui verra Dieu mourra. » Les étendues infernales de la Divinité, troublantes comme un vice.

*

La théologie est la négation de Dieu. L'idée saugrenue d'aller chercher des arguments pour prouver son existence ! Tous ces Traités ne valent pas une exclamation de sainte Thérèse. Depuis que la théologie existe aucune conscience n'y a gagné une certitude de plus, car la théologie n'est que la version athée de la foi. Le dernier bredouillage mystique est plus proche de Dieu que la *Somme théologique*. Tout ce qui est institution et théorie cesse d'être *vivant*. L'Église et la théologie ont assuré à Dieu une agonie durable. Seule la mystique l'a réanimé de temps en temps.

*

Il m'arrive d'éprouver une sorte de stupeur à l'idée qu'il ait pu exister des « fous de Dieu », qui lui ont tout sacrifié, à commencer par leur raison. Souvent il me semble entrevoir comment on peut se détruire pour lui dans un élan morbide, dans une désagrégation de l'âme et du corps. D'où l'aspiration immatérielle à la mort. Il y a quelque chose de pourri dans l'idée de *Dieu* !

*

L'obsession divine évacue l'amour terrestre. On ne peut aimer passionnément en même temps une femme et Dieu. Le mélange de deux érotiques irréductibles crée une oscillation interminable. Une femme peut nous sauver de Dieu, de même que Dieu peut nous délivrer de toutes les femmes.

*

Toute révolte est dirigée contre la Création. Le plus petit geste d'insoumission compromet l'ordre universel accepté par les esclaves du Créateur. On ne peut être avec Dieu et contre son œuvre ; mais on peut par amour pour lui oublier la Création ou même la mépriser.

Il n'est guère possible de se rebeller au nom de Dieu, fût-ce contre le péché. Car aux yeux du Réactionnaire suprême, le seul péché est l'anarchie, cette protestation contre l'ordre initial.

Toute rébellion est athée. L'inadhérence à une fraction infinitésimale de la Création équivaut à une désintégration de l'infini divin. L'anarchie n'est pas prévue dans le plan de la Création. Nous savons qu'au Paradis les bêtes se prélassaient, jusqu'au jour où l'une d'elles, n'acceptant plus sa condition et renonçant au bonheur, s'est faite homme. Sur cette désobéissance initiale l'histoire tout entière s'est érigée.

*

Un jour le monde, cette vieille baraque, finira bien par s'effondrer. De quelle manière, nul ne le sait et cela n'a d'ailleurs aucune importance. Car du moment où, tout manquant de substance et la vie n'étant qu'une pirouette dans le vide, ni le commencement ni la fin ne prouvent rien.

*

Si j'essaie de penser à ce qui pourrait encore me rapprocher de Dieu, je sens une vague de pitié qui monte vers ses hauteurs abandonnées. On voudrait faire quelque chose pour ce grand Esseulé.

Avoir pitié de Lui : l'ultime solitude de la créature.

*

Il se pourrait que l'homme n'ait d'autre raison d'être que de *penser* à Dieu. S'il pouvait l'ignorer ou l'aimer, il serait sauvé. Vous avez commencé à le creuser ? Vous êtes perdu. Mais l'homme semble fait justement pour le creuser, pour le harceler. Il n'est pas étonnant qu'en peu de temps il n'en soit rien resté. Dieu résiste bien, mais devant la pensée il perd sa substance. Dire que certains philosophes lui ont attribué une pensée infinie... Une vieille défroque, voilà tout ce qui reste de la Divinité, une guenille que l'on endosse faute de mieux.

*

Au fond, l'histoire humaine est un drame divin. Car non seulement Dieu s'en mêle, mais il subit, parallèlement et avec une intensité infiniment accrue, le processus de création et de dévastation qui définit la vie. Un malheur partagé qui, compte tenu de sa position, le consumera peut-être avant nous. Notre solidarité dans la malédiction explique pourquoi toute ironie à son adresse se retourne contre nous, et se ramène à une auto-ironie. Qui, plus que nous mortels, a souffert de ce qu'Il ne soit pas ce qu'Il aurait dû être ?

*

Dieu est parfois si aisé à déchiffrer, qu'il nous suffit de nous pencher avec un minimum d'attention sur le moindre de nos mouvements intérieurs. Comment expliquer l'impression de familiarité et l'absence de mystère qui s'instaure dans ces rares moments où le divin devient accessible en dehors de toute expérience extatique ?

*

Toute version de Dieu est autobiographique. Elle est non seulement issue de nous, elle est aussi notre propre *interprétation*. Il s'agit d'une double vision introspective, qui nous découvre la vie de l'âme comme un *moi* et comme *Dieu*. Nous nous reflétons en lui et il se reflète en nous.

Pourra-t-il porter tous mes *manques* ? Ne succombera-t-il pas à un tel fardeau ?

Je ne me conçois qu'à travers l'image que je me fais de lui. C'est seulement ainsi que la connaissance de soi peut avoir un sens et un but. Celui qui ne pense pas à Dieu demeure étranger à lui-même. Car l'unique voie de la connaissance de soi passe par Dieu, et l'Histoire universelle n'est qu'une description des formes qu'Il a prises.

*

La méditation musicale devrait être le prototype de la pensée en général. Quel philosophe a jamais suivi un motif jusqu'à son épuisement, à son extrême limite ? Il n'y a de pensée exhaustive qu'en musique. Même après les philosophes les plus profonds, on éprouve le besoin de recommencer à zéro. La musique seule nous donne des réponses définitives.

*

Il semblerait que la pensée ne puisse conduire un motif jusqu'à son terme et que le thème de Dieu se prête à des variations infinies. La pensée et la poésie l'ont intimidé, mais elles n'ont percé aucun des mystères qui l'entourent. Ainsi l'avons-nous enterré avec son lot de secrets. L'aventure est hallucinante, la sienne d'abord, la nôtre ensuite.

*

De tous les hommes, le héros est celui qui pense le moins à la mort. Pourtant, nul n'y aspire, d'une façon inconsciente, il est vrai, autant que lui. Ce paradoxe définit sa condition : volupté de mourir, sans le sentiment de la mort.

*

L'esprit est en soi un renoncement. Quel sens un deuxième renoncement par l'héroïsme pourrait-il avoir ? N'est-il pas significatif que nous trouvions une telle profusion de héros à l'aurore des civilisations ? Ignorant la torture de l'esprit, comment les hommes eussent-ils satisfait leur goût du renoncement sans son dérivatif héroïque ?

Rien ne relie le divin et l'héroïque. Car Dieu n'a aucun des attributs du héros. La lâcheté surnaturelle de Jésus...

*

Que ferais-je sans le paysage hollandais, sans Salomon et Jakob Ruysdael ou Art van der Neer ? Chacune de leurs toiles éveille en vous des rêves liés aux nuages, aux teintes crépusculaires et aux brises marines, aux étendues mouvantes faites pour envelopper le solitaire. Autant de commentaires sur la mélancolie.

Les arbres, isolés ou serrés les uns contre les autres sous un ciel trop vaste ; les bêtes ne broutent pas l'herbe mais l'infini ; les hommes ne vont nulle part, ils attendent immobiles dans les replis de l'ombre, — tous participent à un monde où la lumière elle-même amplifie le mystère. Ce que Vermeer van Delft, le maître de l'intimité, des silences confidentiels, nous révèle dans ses portraits et ses intérieurs, rend le silence palpable sans faire appel à un clair-obscur de vastes dimensions ; Jakob Ruysdael, plus poète que peintre, le projette dans l'espace sans bornes, dans un clair-obscur monumental.

On *entend* le silence des crépuscules — c'est le charme désolé du paysage hollandais, auquel il faut ajouter une certaine vibration sans laquelle il manquerait à la mélancolie la touche poétique.

*

La Russie et l'Espagne : deux nations enceintes de Dieu. D'autres pays se contentent de le connaître, ils ne le portent pas en eux.

Un peuple a pour mission de révéler au moins un des attributs de Dieu, de nous faire découvrir une de ses faces. Ce qui ne peut se faire que si le devenir réalise une partie des qualités secrètes de la Divinité.

Quelques millénaires d'Histoire signifient une crise sérieuse du pouvoir et de l'autorité de Dieu. Les peuples se sont surpassés pour le faire connaître, sans soupçonner le mal qu'ils lui causaient. Si tous les pays avaient ressemblé à la Russie et à l'Espagne, ils l'auraient *épuisé* depuis longtemps. L'athéisme russe et espagnol est inspiré par le Très-Haut. A travers l'athéisme, Il se défend contre la foi qui le consume. Il accueille à bras ouverts ses fils, les athées...

Quelqu'un s'est-il rapproché de Lui plus que le Greco par les lignes et les couleurs ? Dieu lui-même a-t-il jamais été assiégé par des figures humaines avec une insistance plus agressive ? Loin d'être le produit d'une déficience optique, *l'ovale* chez le Greco est la forme que prend le visage humain en s'effilant vers les hauteurs. Pour nous, l'Espagne est une flamme, pour Dieu un incendie. Le feu a rapproché les déserts de la terre et du firmament. La Russie avec la Sibérie tout entière — brûle en même temps que l'Espagne et que le ciel lui-même.

Le Russe ou l'Espagnol le plus sceptique est plus passionné de Dieu que n'importe quel métaphysicien allemand. Tout le clair-obscur de la peinture hollandaise n'égale pas en intensité dramatique l'ombre ardente d'un Greco ou d'un Zurbaran.

Le clair-obscur hollandais, avec tout son mystère, est étranger à la transcendance. Il se pourrait que la mélancolie fût réfractaire à l'absolu.

Entre l'Espagne et la Hollande, il y a l'incommensurable distance entre le désespoir et la mélancolie. Rembrandt lui-même nous invite à nous reposer dans l'ombre et son clair-obscur tout entier n'est qu'*attente* de la vieillesse. Aussi trouverait-on difficilement artiste plus réflexif et plus apaisé que lui.

Lui seul, parmi les Hollandais, a compris Dieu. (Est-ce la raison pour laquelle il a peint relativement peu de paysages ?) Mais, loin d'être une présence qui déforme les choses jusqu'à les défigurer (le Greco), le Dieu de Rembrandt se dégage du mystère des ombres.

Existe-t-il dans l'art un autre critère, hormis le rapprochement du ciel ? Car l'ardeur et la tension exigées ne peuvent se déterminer que par rapport à une passion absolue. Pourtant ce critère nous laisse inconsolés, puisque la Russie et l'Espagne nous montrent que nous ne sommes jamais assez près de Dieu pour avoir le droit d'être athées...

*

Le temps est une consolation. Mais la *conscience* vient à bout du temps. Et il est difficile de trouver une thérapeutique efficace contre la conscience. Tout ce qui nie le temps est maladie. Ce qu'il y a de plus sain et de plus pur dans la vie n'est qu'une apothéose de l'éphémère. L'éternité est une inépuisable pourriture et Dieu un cadavre sur qui l'homme se prélasse.

*

L'orgue est une cosmogonie. De là ses résonances métaphysiques, absentes de la flûte et du violoncelle, sauf dans l'expression lyrique et les vibrations infiniment subtiles. Dans l'orgue, l'absolu s'interprète lui-même. D'où l'impression qu'il est le moins humain des instruments et qu'il s'est toujours joué seul ! Au contraire, le violoncelle et la flûte laissent apparaître les faiblesses de l'homme, mais transfigurées, comme par regret supraterrestre.

Vous entrez par hasard dans une église, vous jetez autour de vous un regard indifférent quand soudain des accords d'orgue vous surprennent ; ou bien, vous pénétrez le soir dans une maison quelconque assombrie par des traces de fumée où vous entendez un violoncelle méditatif — ou encore, vous écoutez par un après-midi vaste et vide les notes égrenées par une flûte, — pouvez-vous imaginer déréliction plus flatteuse ?

*

Chez le Greco, les figures et les couleurs flambent verticalement. Chez Van Gogh aussi les objets sont des flammes et les couleurs brûlent. Mais horizontalement, répandues dans l'espace. Van Gogh est un Greco sans ciel, un Greco sans ailleurs.

En art, le centre de gravité explique sinon la structure formelle et les différents styles, en tout cas l'atmosphère intérieure. Pour le Greco, le monde se précipite vers Dieu, tandis que pour Van Gogh il s'épanouit dans l'incendie...

*

Le dégoût vous saisit devant le spectacle du devenir humain et vous oblige à renoncer aux « sentiments », à vous en défaire. Ils sont la source de ces adhésions douteuses, de ce stupide « oui » au monde. Furieux, on a des « accès » de sainteté laïque pendant lesquels on élabore sa propre épitaphe.

*

Le devoir d'un homme seul est d'être encore plus seul.

*

A l'ombre des monastères, une sourde tristesse faisait naître dans l'âme des moines ce vide que le Moyen Age a nommé l'*acédie*. Ce dégoût issu du désert du cœur et de la pétrification du monde est le spleen religieux. Non un dégoût de Dieu mais un ennui *en* Dieu. L'*acédie*, ce sont tous les dimanches après-midi vécus dans le silence pesant des monastères.

L'extase dans ses premiers élans se crée à elle-même un paysage ; l'acédie le défigure, rend la nature exsangue, l'existence fade, et suscite un ennui empoisonné que seul notre état de mortels privés de grâce nous permet de comprendre. L'acédie moderne n'est plus la solitude claustrale — bien que chacun de nous porte un cloître dans son âme — mais le vide et l'effroi face à un Dieu débile et déserté.

*

Vous êtes-vous regardé dans le miroir lorsque

entre vous et la mort plus rien ne s'interpose ? Avez-vous interrogé vos yeux ? Avez-vous compris alors que vous ne pouvez pas mourir ? Les pupilles dilatées par la terreur vaincue sont plus impassibles que des pyramides. Une certitude naît alors de leur immobilité, une certitude étrange et tonique dans son mystère lapidaire : *tu ne peux pas mourir*. C'est le silence des yeux, c'est notre regard se rencontrant avec lui-même, calme égyptien du rêve devant la terreur de la mort. Chaque fois que cette terreur vous saisit, regardez-vous dans le miroir, interrogez vos yeux et vous comprendrez pourquoi vous ne pouvez pas mourir, pourquoi vous ne mourrez jamais. Vos yeux *savent* tout. Car nos yeux imbus de néant nous assurent que rien ne peut plus nous arriver.

*

Le déclin d'un peuple coïncide avec un maximum de lucidité collective. Les instincts qui créent les « faits historiques » s'affaiblissant, sur leur ruine se dresse l'ennui. Les Anglais sont un peuple de pirates qui, après avoir pillé le monde, ont commencé à s'ennuyer. Les Romains n'ont pas disparu de la face de la terre à la suite des invasions barbares, ni à cause du virus chrétien, un virus bien plus subtil leur a été fatal. Une fois oisifs ils ont eu à affronter le temps creux, malédiction supportable pour un penseur, mais torture sans égale pour une collectivité. Que signifie le temps libre, le temps nu et vacant, sinon une durée sans contenu ni substance ? La temporalité vide caractérise l'ennui.

L'aurore connaît des idéaux ; le crépuscule seulement des idées, et à la place des passions, le besoin de divertissement. Par l'épicurisme ou le stoïcisme, l'Antiquité finissante a essayé de guérir ce « mal du siècle » propre à tous les déclins historiques. Simples palliatifs, comme la multiplication des religions du syncrétisme alexandrin, qui ont masqué, faussé ou dévié le mal, sans en annuler la virulence. Un peuple comblé tombe en proie au cafard, tout comme un individu qui a « vécu » et qui « en sait » trop.

*

Impossible d'aimer Dieu autrement qu'en le haïssant ! Si on prouvait son inexistence dans un procès-verbal sans précédent, rien ne pourrait jamais supprimer la rage — mélange de lucidité et de démence — de celui qui a besoin de Dieu pour étancher sa soif d'amour et plus souvent de haine. Qu'est-il, sinon un moment au seuil de notre destruction ? Qu'importe qu'il existe ou non, aussi longtemps qu'à travers lui notre lucidité et notre folie s'équilibrent et que nous nous apaisons en l'étreignant avec une passion meurtrière ?

*

Ce besoin de profaner les tombes, d'animer les cimetières dans une apocalypse printanière ! La vie seule existe, en dépit de l'absolu de la mort ! Cela les paysans le savent, qui s'accouplent dans les cimetières, offensant par leurs soupirs le silence agressif de la mort. La volupté sur une pierre tombale, quelle promotion !

*

Impossible de déterminer à quel moment précis l'attente du *Jugement* vous surprend et comble vos instants. Au milieu de banalités accablantes, de gestes quelconques ou de vulgaires accès d'humeur, plus souvent au bistrot qu'ailleurs, il arrive que vous soyez saisi d'une émotion rare. Être capable de discourir pendant des heures de choses gaies ou indifférentes avec des gens que vous méprisez, sans leur laisser entrevoir un seul instant quel écart insensible vous sépare du Jugement, quelle distance vous éloigne du monde, quels appels vous agitent ! Celui qui ne soupçonne pas ce que signifie cette attente pèche par trop de timidité et se révèle incapable de comprendre cette ultime provocation, ce besoin d'affronter une dernière fois le patron de la bêtise unanime, l'auteur d'un univers superflu.

*

Il n'est pas besoin d'être chrétien pour trembler devant le Jugement. Le christianisme n'a fait qu'exploiter une crainte afin d'en tirer un profit maximum pour une divinité sans scrupules qui a fait de la terreur son alliée.

*

Le Jugement apparaît à la conscience comme un moment indéterminé et imprévisible, néanmoins comme un *stade* de l'angoisse. Vous pensiez arpenter l'Absolu, craintif et méprisant, lorsque soudain surgit un nouvel obstacle ! Le Jugement ! Et alors ? Dieu voudrait-il nous faire mourir une deuxième fois ?

*

Le seul argument contre l'immortalité est l'ennui. De là dérivent d'ailleurs toutes nos négations.

*

Je cherche ce qui *est*. Ma quête est sans objet. Allons au Jugement une fleur à la boutonnière !

*

J'écoute le silence et ne puis étouffer sa voix : *tout est fini*. Ces mêmes paroles ont présidé au commencement du monde, puisque le silence l'a précédé...

*

Tout est frivole — y compris l'Ultime. Une fois arrivé là, on a honte de toute interrogation capitale.

*

Bien que l'idée absolument inintelligible du Jugement soit une provocation ouverte pour l'intellect, elle sert néanmoins à expliquer, à définir notre néant. Que ce soit sous forme religieuse ou profane, la représentation d'une résolution finale de l'Histoire est constitutive de l'esprit humain. Ainsi l'idée la plus saugrenue revêt le caractère d'une fatalité.

*

L'ironie est un exercice qui dévoile le manque de sérieux de l'existence. Le moi convertit le monde en néant, car l'ironie ne procure des sensations de puissance que lorsque tout est aboli. La perspective ironique, un subterfuge du délire des grandeurs. Pour se consoler de son inexistence, le moi devient *tout*. L'ironie atteint au sérieux lorsqu'elle s'élève à la vision implacable du rien. Le tragique est le stade ultime de l'ironie.

*

La passion de l'absolu dans une âme sceptique ! Un sage greffé sur un lépreux ! Tout ce qui n'est pas absolu ou ver de terre est hybride. Puisque je ne peux pas être gardien de l'infini, il me reste le gardiennage des cadavres.

*

Je songe à une herméneutique des larmes, qui tenterait de découvrir leur origine ainsi que toutes leurs interprétations possibles. Afin d'aboutir à quoi ? A comprendre les sommets de l'histoire et à nous dispenser d'« événements », puisque nous saurions à quels moments et dans quelle mesure l'homme a réussi à s'élever au-dessus de lui-même. Les larmes prêtent un caractère d'éternité au devenir ; elles le sauvent. Ainsi, que serait la guerre sans elles ? Les larmes transfigurent le crime et justifient tout. Les peser et les comprendre c'est trouver la clé du processus universel. Le sens d'un tel approfondissement serait de nous guider dans l'espace qui relie l'extase à la malédiction.

*

Ce qui me sépare de la vie et de tout, c'est le soupçon épouvantable que Dieu pourrait être un problème de deuxième ordre. Ce doute — lucide jusqu'à la folie — vous oblige à croiser les bras : que reste-t-il d'autre à faire ?

La futilité de l'existence aurait-elle atteint Dieu lui-même ? La maladie de l'inessentiel aurait-elle affecté l'essence ? Il faut que la substance divine soit corrompue depuis longtemps, pour que nous mettions en doute sa santé et ses vertus. Dieu n'est plus présent ; nos blasphèmes eux-mêmes ne parviennent pas à le ranimer. Où donc, dans quel hospice repose-t-il ? J'ai compris : un Absolu qui se *ménage*. Le monde n'a mérité, en somme, qu'une Divinité décrépite.

*

Toutes les cloches appellent au Jugement. Depuis tant de siècles elles annoncent la fin, enveloppant de leur solennité l'agonie à laquelle nous convie le christianisme. Lorsque c'est en vous que retentissent leurs appels, vous êtes mûr pour le Jugement, et si leur son est fêlé, la sentence est irrévocable.

*

Le plus humble des chrétiens a des moments où il s'entretient avec Dieu d'égal à égal. La religion elle-même tolère ces grands airs sans lesquels l'homme crèverait de modestie. C'est pourquoi l'athéisme flatte la liberté humaine, car en parlant de *haut* à Dieu, il élève l'orgueil au rang de démiurgie. Celui qui n'a jamais méprisé le principe suprême est prédestiné à l'esclavage. Nous ne sommes véritablement nous-mêmes que dans la mesure où nous humilions le Créateur.

*

Celui qui n'est pas *naturellement* heureux ne connaîtra que le bonheur consécutif aux crises du désespoir. J'ai peur d'un bonheur insupportable dont je serais victime et qui, en me vengeant d'un passé de terreur, me vengerait de tout, y compris de la malchance d'avoir vécu.

*

Est supérieur, du point de vue chrétien, le lépreux qui aime sa lèpre à celui qui l'*accepte* ; le moribond qui s'agite à celui qui se résigne ; le désespoir à la transaction... En légitimant la fièvre, le christianisme a créé les conditions favorables à une « culture » de saints. Il a élevé la température de l'homme...

*

« L'âge de l'innocence. » Plus on contemple les tableaux de Reynolds, plus on se persuade qu'il n'y a qu'un seul échec : cesser d'être un enfant. Le Paradis projette dans le passé ce stade de notre vie, il nous console de notre enfance évanouie. Voyez cette main délicate que l'enfant tient contre sa poitrine, comme pour défendre timidement son bonheur ! Reynolds a-t-il compris tout cela ? Ou bien ces yeux pensifs expriment-ils une vague épouvante devant ce qu'il faudra perdre ? Les enfants, tout comme les amants, ont le pressentiment des limites du bonheur.

*

Avoir toujours aimé les larmes, l'innocence et le nihilisme. Les êtres qui savent tout et ceux qui ne savent rien. Les ratés et les enfants.

*

Le ratage est un paroxysme de la lucidité ; le monde devenu transparent à l'œil implacable de celui qui, stérile et clairvoyant, n'adhère plus à rien. Même inculte, le raté *sait* tout, il voit à travers les choses, il démasque et annule toute la création. Le raté est un La Rochefoucauld sans génie.

*

Si j'étais poète, je n'aurais de cesse que Néron soit vengé. Je saurais ce qu'il faut écrire sur la mélancolie des empereurs fous. Sans un Néron, un empire agonisant manque de style, une décadence perd tout intérêt.

*

Personne n'a poussé aussi loin que Maître Eckhart le désir d'anéantir ses instincts de créature. Son inadhérence totale à la création le conduit à cette *Abgeschiedenheit*, ce détachement, condition primordiale de l'attachement à Dieu. Entre vie et éternité, il sacrifie sans hésiter la première, vérifiant en théorie et en pratique la disparité douloureuse de ces deux termes.

*

Pourquoi a-t-on voulu à tout prix ajouter quelque chose à l'Ecclésiaste, qui contient déjà *tout* ? Mieux encore, ce qui n'est pas dans l'Ecclésiaste est entaché d'erreur. « Alors, mon cœur s'est tourné vers le désespoir. » Vers la Vérité.

... « Car trop de sagesse accroît notre amertume et trop de savoir augmente notre souffrance. »

L'Ecclésiaste est un étalage, une révélation de vérités auxquelles la vie, complice de tout ce qui est « vain », résiste avec le dernier acharnement.

*

Cette crainte soudaine, surgie de nulle part, qui croît en nous et confirme notre déracinement, n'est pas « psychologique », elle n'appartient qu'en dernier lieu à ce qu'on appelle *âme*. En elle résonnent les tourments de l'individuation, le vieux combat du chaos avec la forme.

Je ne puis oublier les instants où la matière résistait au Tout-Puissant.

*

L'inadhérence à la vie engendre un goût pour la fixité. Nous commençons à voir le monde dans des formes rigides, des lignes arrêtées, des contours morts. Lorsque vous n'éprouvez plus cette joie qui nourrit le Devenir, tout s'achève en symétries. Ce qu'on a appelé le « géométrisme » dans de nombreux types de folie ne serait que l'exagération de cette prédisposition à l'immobilité qui accompagne toute dépression. Le goût des formes trahit un penchant secret pour la mort. Plus vous êtes déprimé, plus les choses se figent, en attendant qu'elles se glacent.

*

« La souffrance est l'unique cause de la conscience » (Dostoïevski). Les hommes se partagent en deux catégories : ceux qui ont compris cela, et les autres.

*

Quel que soit votre degré de culture, si vous ne réfléchissez pas intensément à la mort, vous n'êtes qu'un pauvre type. Un grand savant — qui n'est que cela — est bien inférieur à un illettré qui est hanté par les questions ultimes.

En général, la science abrutit les esprits en réduisant leur conscience métaphysique.

*

Quand vous arpentez les rues, le monde semble exister tant bien que mal. Mais regardez par la fenêtre — et tout devient irréel. Comment se fait-il que la transparence d'une vitre nous sépare à ce point de la vie ? En réalité, une fenêtre nous éloigne du monde plus que le mur d'une prison. A force de regarder la vie on finit par l'*oublier*.

*

Plus je lis les pessimistes, plus j'aime la vie. Après une lecture de Schopenhauer, je réagis comme un fiancé. Schopenhauer a raison de prétendre que la vie n'est qu'un rêve. Mais il commet une inconséquence grave quand, au lieu d'encourager les illusions, il les démasque en laissant croire qu'il existerait quelque chose en dehors d'elles.

Qui pourrait supporter la vie, si elle était réelle ? Rêve, elle est un mélange de charme et de terreur auquel nous succombons.

*

Tout paysage et la nature en général ne sont qu'une fuite hors du temps. D'où la sensation que rien n'a jamais existé, chaque fois que nous

nous abandonnons à ce rêve de la matière qu'est la nature.

*

La fréquentation des mortels est un supplice pour un esprit lucide, une saignée sans fin. Si, après avoir vécu les yeux ouverts parmi vos semblables, vous gardez encore du sang en réserve pour d'autres plaies, c'est que vous n'avez rien compris à notre désastre à tous.

*

On se libère dans la mesure où l'on déteste les hommes. Il faut les haïr pour pouvoir adhérer aux perfections inutiles, aux déchirements et aux béatitudes, hors du temps, hors de l'histoire. Il y a dans tout emballement pour le phénomène humain comme tel un manque de distinction et de goût. Exécrer l'homme vous fait considérer la nature comme une voie de libération, de renoncement, et non, à la façon des romantiques, comme une étape dans l'odyssée de l'esprit. Après nous être dégradés en nous mêlant du Devenir, il est grand temps que nous redécouvrions cette identité initiale que nous avons brisée par le délire des grandeurs dont est atteinte la conscience. Je ne puis contempler un paysage sans éprouver le besoin de détruire tout ce qui est a-cosmique en moi. Nostalgie végétale, regrets telluriques, envie d'être plante soumise au cycle mortel du soleil.

*

Il y a dans la vie comme l'hystérie d'une fin de printemps.

*

Ni assez malheureux pour être poète... ni assez indifférent pour être philosophe, je ne suis que lucide, mais assez pour être condamné.

*

« Je vis de ce dont les autres meurent » (Michel-Ange). Il n'y a rien d'autre à ajouter sur la solitude...

*

Le monde n'est qu'un prétexte. Nous avons besoin de penser à quelque chose — et nous l'avons choisi comme matière à réflexion. Aussi, la pensée ne manque-t-elle pas une occasion de le détruire.

*

Bouddha était un optimiste. Se peut-il qu'il n'ait pas observé que la douleur définit l'être comme le non-être ? Car l'existence ou le néant ne « sont » qu'à travers la souffrance. Le vide, qu'est-il sinon une aspiration avortée à la douleur ? Le Nirvâna correspond à un état de souffrance plus éthérée, à un degré plus spiritualisé du tourment. L'*absence* peut signifier un déficit d'existence mais non de douleur. Car la douleur précède tout — y compris l'Univers.

*

Je ne crois pas avoir raté une seule occasion d'être triste. (Ma vocation d'homme.)

*

Je n'ai senti que je mourrai tout de bon que dans mes accès de passion pour la vie. La peur me lie au monde bien plus que la plénitude voluptueuse qui accompagne ces moments de pâmoison, d'abandon mystérieux, lorsque les sens se vident pour absorber la vie qui nous envahit par tous les pores, faisant taire paroles et pensées.

Si je ne traînais ma mort avec moi dans mes espoirs et mes échecs, je me retirerais auprès des bêtes et me livrerais au sommeil béni de l'inconscience. La mort..., n'y suis-je lié que par une aspiration secrète, un regret végétal, une complicité avec les ondulations funèbres de la nature ? — Ne serait-ce pas là plutôt orgueil, refus d'ignorer que l'on va mourir ? Car rien n'est aussi flatteur que la pensée de la mort — *la pensée*, et non la mort.

Renoncer à savoir que je vais mourir — pour

rien au monde je n'y consentirai aussi longtemps que je vivrai, mais j'attends la mort pour pouvoir oublier ce savoir.

*

L'horreur de tout, objets ou créatures, appelle des visions désolées. On regrette que la terre ait trop peu de déserts, on voudrait niveler les montagnes, on rêve d'une Mongolie aux couchants implacables.

Les ascètes chrétiens considéraient que seul le désert était sans péché et ils le comparaient aux anges. En d'autres termes, il n'y a de pureté que là où rien ne pousse.

*

L'envie de s'humilier par mépris des autres, de faire la victime, le monstre, la brute... On est d'autant plus inférieur qu'on éprouve le besoin de collaborer à une tâche « constructive », qu'on enregistre l'existence de « l'autre ». Mais *l'autre n'existe pas*, cette conclusion s'impose et nous réconforte. Être seul, impitoyablement seul, voilà l'impératif auquel il faut se soumettre coûte que coûte. L'univers est un espace vacant et les créatures n'existent que pour attester et consolider notre isolement. Je n'ai jamais rencontré personne, je n'ai fait que trébucher sur des ombres simiesques.

*

Nos terreurs proviennent de la nuit sans fin contre laquelle le Très-Haut a livré sa première bataille. Ce fut une demi-victoire : Il n'a réussi à imposer le jour qu'à moitié. A l'homme est revenue la tâche de réaliser la plénitude des jours — mais il n'y est parvenu qu'en pensée. Nous dormons non pour trouver le repos mais pour oublier la nuit et notre fausse victoire.

*

Nous vivons à l'ombre de nos échecs et de nos blessures d'amour-propre. Notre appétit de puissance exacerbé jusqu'à la folie ne peut se satisfaire en ce monde. Il n'existe pas ici-bas d'espace pour l'instinct démiurgique et sa furie dévorante.

Nous cherchons dans la religion une consolation aux défaites de notre volonté de conquête. En ajoutant d'autres mondes à celui-ci, nous pouvons espérer des triomphes mirifiques. Nous devenons religieux par crainte d'étouffer dans les limites maudites de l'ici-bas. Aussi, une âme indomptable ne se reconnaît-elle qu'un seul ennemi : l'Éternel. Il est celui qu'il faut abattre, le dernier bastion à conquérir.

*

A tour de rôle, nous nous partageons, Dieu

et nous, le pouvoir. De là découlent deux conceptions du monde que rien ne saurait concilier. Dieu, pas plus que nous, n'est disposé à faire des concessions.

Parfois, je ne peux m'empêcher de donner raison à ces philosophes qui, pour expliquer les rapports entre l'âme et le corps, admettaient une intervention divine dans chaque action. Mais ils sont restés à mi-chemin. Ils n'ont pas eu le sentiment que sans cette intervention le monde pourrait retomber dans le chaos, se briser en morceaux et rouler dans l'abîme. Pour eux, Dieu ne peut manquer d'*accorder* son soutien à cet équilibre provisoire.

Dieu se mêle de tout, il est *présent* dans les moindres détails. Pourrions-nous sourire sans son intervention ? Les croyants qui l'implorent à chaque pas savent fort bien que le monde livré à lui-même s'anéantirait aussitôt. Au fond, que se passerait-il si Dieu se retirait dans son indifférence initiale ?

Impossible de gouverner en même temps que Lui. Vous pouvez le remplacer ou lui succéder, mais non siéger à ses côtés, car il ne supporte pas l'orgueil de la créature. L'homme est ainsi fait : il se perd dans la Divinité ou bien il la provoque. Personne jusqu'à ce jour n'a été « raisonnable » en Sa présence. Servir d'intérim à Dieu, voilà l'ambition constante de l'homme.

... Mais notre ratage n'est nulle part aussi

sensible que dans cette mystérieuse oscillation qui nous projette loin de Dieu, pour nous ramener ensuite à Lui, alternance de défaite et de démiurgie qui traduit tout l'incurable de notre destin.

*

Souvent je me mets à songer à ces ermites de la Thébaïde, qui se creusaient une tombe pour y verser des larmes jour et nuit. Lorsqu'on leur demandait la raison de leur affliction ils répondaient qu'ils pleuraient leur âme.

Dans le vague du désert, le tombeau est une oasis, un lieu et un soutien. On creuse son trou pour avoir un point fixe dans l'espace. Et on meurt pour ne pas s'égarer.

*

Pourquoi irais-tu fouiller dans ma mémoire ? A quoi bon te souvenir de moi ? Parviendras-tu jamais à mesurer ta chute et la présence de mon angoisse dans la tienne ?

Détourne-toi de la créature !

Oublie-moi, car je veux être libre — et ne crains rien, je ne t'accorderai pas la moindre pensée. Morts l'un pour l'autre, qui nous empêchera d'en faire à notre tête dans ce lieu de sépulture livré à l'abandon, et que, dans ta divine Ignorance, tu as baptisé Vie ?

*

Le dernier mot de toute religion : *la vie* comme une perte d'âme.

*

Je n'ai plus rien à partager avec personne. Sauf pour quelque temps encore, avec le Seul.

*

Plus les paradoxes sur Dieu sont osés, mieux ils expriment son essence. Les injures elles-mêmes sont plus proches de Lui que la théologie ou la méditation philosophique. Adressées aux hommes, elles seraient irrémédiablement vulgaires ou sans conséquence ; *l'homme* ne porte aucune responsabilité, son créateur étant à la source de l'erreur et du péché. La chute d'Adam est avant tout un désastre divin. L'Éternel a investi dans l'homme toutes ses imperfections, toute sa pourriture et toute sa déchéance. Notre apparition sur terre devrait sauver la perfection divine. Ce qui chez le Tout-Puissant était « existence », infection temporelle, chute, s'est canalisé dans l'homme, et ainsi Dieu a sauvé son néant. Grâce à nous qui lui servons de dépotoir, Il reste vide de tout.

... Voilà pourquoi, lorsque nous injurions le ciel, nous le faisons en vertu du droit de celui qui porte le fardeau d'un autre. Dieu se doute de ce qui nous arrive — et s'il a envoyé son Fils, afin qu'il nous ôte une part de nos peines, il l'a fait par remords, non par pitié.

*

Tout ce qui en moi aspire à la vie exige que je renonce à Dieu.

*

On commence à croire par orgueil — ce qui est en tout cas « honorable », à défaut d'être plaisant. Si on ne se passionne pas pour Lui, on s'occupe nécessairement des hommes. Peut-on tomber plus bas ?

*

On ne peut se décider entre la liberté et le bonheur. D'un côté la souffrance et l'infini, de l'autre la médiocrité et la sécurité. L'homme est un animal trop orgueilleux pour accepter le bonheur et trop déchu pour le mépriser.

N'est-il pas significatif que le « bonheur » engendre un malaise ? Qui se vante de ne pas souffrir ? La gêne que nous ressentons devant les malheureux n'est que l'expression de notre conviction que la souffrance constitue le signe distinctif, l'originalité même d'un être. Car on devient homme non par le biais de la science, de l'art ou de la religion, mais par le refus lucide du bonheur, par notre inaptitude foncière à être heureux.

*

Moins nous avons d'espoir, plus nous sommes orgueilleux, au point que désespoir et orgueil s'épanouissent ensemble, indiscernables l'un de l'autre même pour l'observateur clairvoyant. L'orgueil nous interdit d'espérer, de chercher une sortie hors de l'abîme du moi, et le désespoir se donne un air sombre sans lequel l'orgueil serait un jeu mesquin ou une lamentable illusion.

*

Étant fonction de notre désespoir, Dieu devrait continuer à exister même en présence de preuves irréfutables de son inexistence. A vrai dire, tout plaide pour et contre lui, car tout ce qui est le dément et le confirme. Le blasphème et la prière se justifient également dans le même instant. Lorsque vous les proférez ensemble, vous vous rapprochez du représentant suprême de l'Équivoque.

*

Si je cherche un mot qui me contente et m'attriste en même temps, je n'en trouve qu'un seul : l'oubli. Ne se rappeler plus rien, regarder sans se souvenir, dormir les yeux ouverts sur l'Incompris !

*

Cette force qui vous fait serrer Dieu sur votre cœur comme un être cher à l'agonie, pour lui extraire une dernière preuve d'amour, et vous retrouver ensuite avec son cadavre sur les bras...

*

Quel plaisir d'avoir sous la main un mystique allemand, un poète hindou ou un moraliste français, à l'usage de l'exil quotidien !

Lire jour et nuit, avaler des tomes, ces somnifères, car personne ne lit pour apprendre mais pour oublier, remonter jusqu'à la source du cafard en épuisant le devenir et ses marottes !

*

Il n'est ni facile ni agréable de se chamailler sans cesse avec Lui. Une fois engagé dans cette voie, en vertu de je ne sais quelle impulsion, vous perdez toute mesure et toute réserve. *Superbia* — présomption de la créature. En poussant à la zizanie, elle balaie l'humilité, et convertit le destin en tragédie. Sans elle, ressort de nos folies et de nos bassesses, l'histoire serait inconcevable. Dans son expression ultime, la superbe est usurpation sans fin. Celui qui l'a vécue jusqu'au bout ne peut plus avoir qu'un seul rival...

*

Tout ce qui adhère au monde est trivial. Aussi n'y a-t-il pas de religion inférieure... Le frisson sacré le plus primitif prête un souffle aux apparences. *Dans* le monde la grâce paraît cendre ; — *au-delà*, le néant lui-même paraît une grâce.

*

Avec un peu d'empressement, nous aurions pu rendre Dieu plus heureux. Mais nous l'avons abandonné, et il est maintenant plus seul qu'avant le commencement du monde.

*

A en croire Maître Eckhart, rien ne répugne à Dieu comme le temps, ou simplement le fait d'y adhérer. En convoitant l'éternité, Dieu — et Maître Eckhart avec lui — méprise jusqu'à « l'odeur et le goût du temps ».

*

Le rejet volontaire et lucide de l'absolu est la voie de la résistance à Dieu — au profit de l'illusion, c'est-à-dire de l'essence de toute vie.

*

Pardonnerai-je jamais à la terre de m'avoir compté parmi les siens à titre d'intrus seulement ?

*

Le Paradis gémit au fond de la conscience, tandis que la mémoire pleure. Et c'est ainsi qu'on songe au sens métaphysique des larmes et à la vie comme déroulement d'un regret.

Postface

Dans ses « Entretiens avec Chestov », Benjamin Fondane rapporte un propos de Chestov qui disait que la meilleure façon de philosopher c'est « d'aller tout seul », sans prendre un autre philosophe pour guide, mieux encore, c'est parler de soi-même. Fondane ajoute plus loin : « Le type du nouveau philosophe c'est le penseur privé, Job assis sur un fumier. » Cioran appartient à cette race de penseurs. Longtemps ignoré, il n'était lu que par des marginaux.

Si ses paradoxes ou ses pirouettes amusent ou agacent certains de ses lecteurs, les autres, les véritables, éprouvent une sensation étrange d'euphorie au bord du gouffre, comme cette jeune femme libanaise qui lisait du Cioran sous les bombardements, dans une cave de Beyrouth, parce qu'elle trouvait son esprit remontant, son humour tonique au milieu du désastre. Ou comme cette Japonaise qui, voulant se tuer, a découvert à temps les propos de Cioran sur le suicide et s'est mise à lui écrire. Le bonheur d'une obsession partagée a transmué la hantise en conversation épistolaire.

Ce que découvrent ceux qui s'approchent de son œuvre, c'est « l'effet Cioran », le don qu'il a de vous entraîner à travers l'écriture dans une aventure au-delà du livresque. C'est le ton, qu'il définit lui-même comme « ce qu'on ne saurait inventer, avec quoi on naît... une grâce héritée, le privilège qu'ont certains de faire sentir leur pulsion organique, le ton c'est plus que le talent, c'en est l'essence » (*De l'inconvénient d'être né*).

Cioran a toujours répudié la pensée théorique comme telle : « Je n'ai rien inventé, je n'ai été que le secrétaire de mes sensations. » Ses lectures l'ont constamment ramené vers lui-même, parmi les vivants où il a retrouvé ses anciennes misères qu'il a piétinées dans sa course au détachement. Son scepticisme est greffé sur un tempérament toujours en éveil. « Ce qui reste d'un philosophe c'est son tempérament... plus il est vivant, plus il se laissera aller », écrit-il dans *Le Mauvais Démiurge*. Maître du paradoxe, de la négation, du dénigrement, « courtisan du vide » selon une expression qui pourrait être de lui, il est lui-même ce paradoxe : un sceptique qui ne s'est pas détaché de la vie et qui a toujours été prisonnier de ses humeurs. Cette dépendance est déjà sensible dans ses premiers essais écrits en roumain. Il est intéressant de feuilleter aujourd'hui, à la lumière de son œuvre accomplie, le Cioran lointain des années 30.

Ces essais de jeunesse, si on les rapporte à son œuvre française, éclairent son cheminement après qu'il eut passé au français avec armes et bagages, c'est-à-dire avec lui-même tel qu'il était à la fin des années 30, lecteur passionné de Kierkegaard et Chestov et plus encore de l'Ecclésiaste et de Job, ses livres de chevet. On y découvre ce que Cioran a emporté, ce qu'il a gardé et ce dont il s'est délesté, le « vieil homme » de sa jeunesse, et « l'homme nouveau » qu'il est devenu après sa rencontre avec la langue française.

A vingt-trois ans, quand il publie *Sur les cimes du désespoir* (*Pe culmile disperarii*, 1934), Cioran a déjà tout lu, de même qu'il a défini l'objet de ses ruminations : lui seul aux prises avec lui-même, avec Dieu et la Création. Dès le début il a retourné sa lucidité quasi monstrueuse contre lui-même : le « penser contre soi-même » et « l'amateur de paroxysmes » sont déjà dans *Sur les cimes*... Il intitule les premiers chapitres de manière révélatrice : « Ne plus pouvoir vivre », « Le sentiment de la fin », « Grotesque et désespoir », « Pressentiment de la folie », « Mélancolie », « Extase », « Apocalypse », « Monopole de la souffrance », « Ironie et anti-ironie », « Banalité de la transfiguration », etc.

Tout est déjà là, le sentiment de l'irréparable et de l'irrémédiable, l'inquiétude, l'angoisse, le sentiment du néant, l'éloge du silence, jusqu'à ses manies personnelles, ses insomnies, ses promenades nocturnes, sa paresse, sa passion pour la musique, l'obsession du suicide. Le jour de ses vingt-deux ans il inscrit au bas d'un chapitre : « J'éprouve une étrange sensation de penser qu'à cet âge je suis un spécialiste du problème de la mort. » *Sur les cimes du désespoir* proclame le thème de l'exil métaphysique : « L'existence serait-elle pour nous un exil et le néant une patrie ? » — thème repris quarante ans plus tard dans *De l'inconvénient d'être né* : « Toute ma vie j'aurai vécu avec le sentiment d'avoir été éloigné de mon véritable lieu. Si l'expression "exil métaphysique" n'avait aucun sens, mon existence à elle seule lui en aurait prêté un. » *Sur les cimes...* révèle un Cioran qui tient à souligner « les ressources lyriques de la subjectivité », et pour lequel « le lyrisme est une forme barbare dont la valeur est de n'être rien que sang, que sincérité et flammes », et qui a en horreur « les civilisations raffinées, ankylosées dans des formes et des cadres », et les hommes qui s'imposent des attitudes jusque dans l'agonie. (Plus tard, dans *La Tentation d'exister* il reprendra l'idée et l'image dans le portrait qu'il fera des Français, caractérisés comme un peuple de comédiens, « grands spécialistes de la mort ».) Dans un essai révélateur, il compare le désespoir enraciné dans l'être au doute qui est plus cérébral et il annonce que les psychologues finissent par être des sceptiques. En répudiant le lyrisme de sa jeunesse, en embrassant le doute et le sourire ironique du moraliste, Cioran ne se séparera pas de ses obsessions, de ses lubies, de ses tics.

Il restera obsédé par la déchéance du corps, par la maladie et la souffrance qui lui faisaient écrire en 1934 : « Le problème de la souffrance est infiniment plus important que celui du syllogisme... une larme a toujours des racines plus profondes qu'un sourire. » Et plus loin, dans le chapitre « Rien n'a d'importance », ces lignes qui resteront gravées en lui : « Je n'ai jamais pleuré, car mes larmes se sont transformées en pensées. Et ces pensées ne sont-elles pas aussi amères que des larmes ? » Vingt ans plus tard, il reprendra deux termes clés : « syllogisme » et « amer » pour les transposer en français dans le titre qui fera fortune *Syllogismes de l'amertume* (1952).

Paru en 1937, année où il arriva à Paris, *Larmes et Saints* (*Lacrimi si Sfinti*) était encore tout imprégné de ce « philosopher poétiquement » qu'il prônait dans *Sur les cimes du désespoir*. On y trouve sa passion pour les mystiques, les saintes et la musique, dont il se souviendra dans *Précis de décomposition*. (En roumain : « Les seuls hommes que j'envie sont les confesseurs et les biographes des saintes, sans parler de leurs secrétaires... » En français : « Il fut un temps où j'estimais qu'être le secrétaire d'une sainte constituait la plus haute carrière réservée à un mortel... » Il convient de remarquer l'ombre d'un sourire qui plane sur la formule en français.) Dans ces essais pleins d'effusions, de retournements, d'imprécations bien cioraniennes, il faisait une curieuse hypothèse. Il entrevoyait ce qu'il appelait « une herméneutique des larmes qui tenterait de découvrir leurs sources et toutes leurs interprétations possibles... le but d'une telle herméneutique étant de nous guider dans l'espace qui sépare l'extase de la malédiction ».

Il y a chez tout auteur une image clé, qui répond à une obsession profonde et révélatrice. Telle est l'image des larmes et de leur corollaire, les pleurs, tout au long de l'œuvre de Cioran. Cette curieuse fascination le poursuit même lorsque plus rien ne le rattache à cette époque, ni à ceux qui « avaient enchanté sa jeunesse », et l'on pense tout d'abord à Nietzsche. Devenu plus tard « expert en déchéances », il gardera des nostalgies métaphysiques violentes et l'image des larmes surgira au détour d'une réflexion, montée à la surface de la conscience comme un constant rappel. Ensuite les larmes se cristalliseront, au fur et à mesure, débarrassées des connotations de sa jeunesse lyrique. Dans *Larmes et Saints* il prévoit le jour où il regrettera, où il aura honte, d'avoir tant aimé les saintes et « la mystique, cette sensualité transcendante ». Il se séparera des saintes, de leurs effusions, mais l'adieu au lyrisme n'effacera pas en lui la pensée et l'image qui l'obsèdent. « On vous demande des actes, des preuves, des œuvres et tout ce que vous pouvez produire ce sont des pleurs transformés » (*Le Mauvais Démiurge*). « Le sort terrestre nous a enchaînés à cette matière morose, larme pétrifiée contre laquelle, nés du temps, nos pleurs se brisent, alors qu'immémoriale elle est tombée du premier frisson de Dieu » (*Précis de décomposition*). « Nous devrions nous rouler par terre et pleurer toutes les fois que nous en avons envie, mais nous avons désappris les larmes... nous devrions avoir la faculté de hurler un quart d'heure par jour au moins. Si nous tenons à un minimum d'équilibre remettons-nous au cri... la rage nous y aidera d'ailleurs, elle qui procède du fond même de la vie » (*Ibid.*). « La musique, système d'adieux, évoque une physique dont le point de départ ne serait pas les atomes mais les larmes » (*Syllogismes de l'amertume*). « Signe qu'on a tout compris : pleurer sans sujet » (*Le Mauvais Démiurge*). « Le mensonge, source de larmes ! telle est l'imposture du génie et le secret de l'art » (*Précis de décomposition*).

Entre le Cioran roumain — qui écrivait à vingt-six ans dans *Larmes et Saints* : « Impossible d'aimer Dieu autrement qu'en le haïssant !

Celui qui n'a pas éprouvé l'émotion de l'absolu un poignard à la main ne soupçonne pas ce que signifie la terreur métaphysique de la conscience » et le Cioran qui écrit dans *De l'inconvénient d'être né* : « tiraillé entre la violence et le désabusement, je me fais l'effet d'un terroriste qui, sorti avec l'idée de perpétrer quelque attentat, se serait arrêté en chemin pour consulter l'Ecclésiaste ou Épictète », il y a identité et continuité de ton. Sceptique, il reste « un négateur assoiffé de quelque catastrophique oui », un « mystique qui se refuse », un Job plus ou moins guéri, mais qui a d'abord été ce pestiféré évoqué dans *Larmes et Saints* : « Job, lamentations cosmiques et saules pleureurs... plaies ouvertes de la nature et de l'âme... cœur humain, plaie ouverte de Dieu. » Plus tard, dans *Syllogismes de l'amertume* l'idée se précise et l'image se ramasse en français : « Tout penseur, au début de sa carrière, opte malgré lui pour la dialectique ou les saules pleureurs. » Renonçant à la quête des cimes, Cioran a opté comme l'indique l'énoncé net et brillant en français, pour la lucidité féroce, répudiant l'absolu et les saules pleureurs, mais nullement ses humeurs et ses obsessions, rôdant autour de lui-même, de ses gouffres et de ses hantises qu'il masque avec un mélange typique d'humour, de rage et de résignation en revenant toujours à ses états d'âme personnels.

« Est-ce ma faute si je ne suis qu'un parvenu de la névrose, un Job à la recherche d'une lèpre, un Bouddha de pacotille, un Scythe flemmard et fourvoyé ? » Écoutons-le se définir en se prenant pour objet de sa dérision : « un raté du désert », « un stylite sans colonne », « un érudit sardonique », « un fossoyeur frotté de métaphysique », « un velléitaire de nirvâna », « un cafardeux par décret divin », « un mort-né de clairvoyance », « un délirant soucieux d'objectivité », « un furieux par métaphore », etc.

Cioran se complaît dans un portrait d'étranger, dans lequel on reconnaît un personnage familier, réel ou imaginaire, fasciné par l'oisiveté (« quand on a pratiqué des contrées où l'oisiveté était de rigueur... »), par le fatalisme érigé en chemin (« j'ai tant choyé l'idée de fatalité... »), par le spleen, un homme qui a « hérité du patrimoine de sa tribu... l'inaptitude à l'illusion », un « homme de cafard », attiré par les abouliques, les velléitaires, obsédé par les ratés (voir « l'effigie d'un raté » dans *Précis de décomposition*), et les tarés — les adjectifs : taré, raté, atterré, inouï, innommable, sans nom — des expressions comme « nos stupeurs quotidiennes » — reviennent avec insistance sous sa plume, telles des couleurs sombres ou criardes sur la palette d'un artiste. Le sarcasme cioranien, fréquemment dirigé contre ses propres tentations, qui les retourne, les piétine, cache une forme de dérision subtile, floraison de la dérision balkano-latine, qui a nom en roumain *zeflemea.* Ses « rages et résignations » sont l'écho d'un esprit de polémique et de renoncement, deux traits dont Mircea Vulcanescu, dans un essai resté célèbre sur « La dimension roumaine de l'existence » (1944), faisait une des clés de l'esprit roumain. Notons que cet essai était dédié à son ami E.M. Cioran. L'esprit roumain, écrivait-il, après avoir attaqué avec virulence et annihilé l'adversaire (homme, Histoire, mots), se résigne, basculant dans un fatalisme qui lui est propre.

Quand Cioran s'écrie : « il faudrait retrouver le sens du destin, le goût de la lamentation, ressusciter aux funérailles les pleureuses », quand il s'exclame : « n'avoir de goût que pour l'hymne, le blasphème, l'épilepsie ! », on croit entendre derrière l'éclat du style et la gesticulation voulue, une tonalité sous-jacente, une lointaine complainte déguisée en dérision et qui emprunte au français une saveur et un chatoiement étranges. Ces formules où les pleurs à l'orientale rencontrent l'esprit sec du français, des phrases comme : « las de m'embrouiller aux funérailles de mes désirs », font entendre à l'état pur le son ou le *ton* cioranien. Par la suite, l'aphorisme par sa brièveté dominera, mettant en sourdine mais n'effaçant jamais l'écho de ce *continuo* lamentatif. « Misons sur la catastrophe, plus conforme à notre génie et à nos goûts », écrit-il dans le plus pur style sec et bref du moraliste français, résumant ainsi dans *Écartèlement* ce qui a toujours été le fond de son attitude.

D'ailleurs, depuis la « Lettre à un ami lointain » (*Histoire et Utopie*) où il se définit explicitement comme venu d'ailleurs : « Je sens l'Asie remuer dans mes veines... je m'apparais au milieu des civilisés comme un intrus, un troglodyte épris de caducité, plongé dans des prières subversives, en proie à une panique qui n'émane pas d'une vision du monde mais des crispations de la chair et des ténèbres du sang », Cioran n'a cessé de proclamer et de renier à la fois ses origines. « Je n'ai éprouvé une sensation de vérité, un frisson d'être, qu'au contact des analphabètes ; des bergers des Carpathes m'ont laissé une impression autrement forte que les professeurs d'Allemagne ou les malins de Paris. » Ou bien : « Comment se dominer, comment être maître de soi, quand on vient d'une contrée où l'on rugit aux enterrements ? »

C'est un trait de Cioran d'avoir su prendre par rapport à lui-même la distance nécessaire à la création littéraire, tout en préservant et en faisant passer en français quelque chose de l'esprit du « penseur organique » qu'il était dans ses essais roumains. « Face à l'homme abstrait qui pense pour le plaisir de penser, se dresse l'homme organique, le penseur déterminé par un déséquilibre vital qui se situe au-delà de la science et de l'art. J'aime les pensées qui gardent un arôme de sang et de chair. Les hommes n'ont-ils pas encore compris que le temps des préoccupations superficielles et intelligentes est révolu et que le problème de la souffrance est infiniment plus révélateur que celui du syllogisme, un cri de désespoir infiniment plus révélateur qu'une remarque subtile... Pourquoi ne voulons-nous pas admettre la valeur exclusive des vérités vivantes ? » (*Sur les cimes du désespoir*)

La langue française a fait de Cioran ce qu'il est, par l'effet de freinage et de contrôle imposé à ses excès, à ses violences et à ses éclats. Il est intéressant de noter que la langue dans laquelle il a écrit ses livres roumains est la langue désordonnée d'un jeune intellectuel balkanique d'avant-guerre. La forme, les formules, secret du style de Cioran version occidentale, est un don français à ce « Job assagi à l'école des moralistes ».

SANDA STOLOJAN.

Composition réalisée par C.M.L., Montrouge.

IMPRIMÉ EN FRANCE PAR BRODARD ET TAUPIN
Usine de La Flèche (Sarthe).
LIBRAIRIE GÉNÉRALE FRANÇAISE - 6, rue Pierre-Sarrazin - 75006 Paris.
ISBN : 2 - 253 - 04683 - 3 ⊕ 42/4090/9